INTRODUÇÃO AO DIREITO DE POLÍCIA JUDICIÁRIA

Curso de Direito de Polícia Judiciária

Curso de Direito de Polícia Judiciária

Eliomar da Silva Pereira

INTRODUÇÃO AO DIREITO DE POLÍCIA JUDICIÁRIA

1

Belo Horizonte

2019

Curso de Direito de Polícia Judiciária

© 2019 Editora Fórum Ltda.

É proibida a reprodução total ou parcial desta obra, por qualquer meio eletrônico, inclusive por processos xerográficos, sem autorização expressa do Editor.

Conselho Editorial

Adilson Abreu Dallari
Alécia Paolucci Nogueira Bicalho
Alexandre Coutinho Pagliarini
André Ramos Tavares
Carlos Ayres Britto
Carlos Mário da Silva Velloso
Cármen Lúcia Antunes Rocha
Cesar Augusto Guimarães Pereira
Clovis Beznos
Cristiana Fortini
Dinorá Adelaide Musetti Grotti
Diogo de Figueiredo Moreira Neto
Egon Bockmann Moreira
Emerson Gabardo
Fabrício Motta
Fernando Rossi
Flávio Henrique Unes Pereira

Floriano de Azevedo Marques Neto
Gustavo Justino de Oliveira
Inês Virgínia Prado Soares
Jorge Ulisses Jacoby Fernandes
Juarez Freitas
Luciano Ferraz
Lúcio Delfino
Marcia Carla Pereira Ribeiro
Márcio Cammarosano
Marcos Ehrhardt Jr.
Maria Sylvia Zanella Di Pietro
Ney José de Freitas
Oswaldo Othon de Pontes Saraiva Filho
Paulo Modesto
Romeu Felipe Bacellar Filho
Sérgio Guerra
Walber de Moura Agra

Luís Cláudio Rodrigues Ferreira
Presidente e Editor

Coordenação editorial: Leonardo Eustáquio Siqueira Araújo

Av. Afonso Pena, 2770 – 15º andar – Savassi – CEP 30130-012
Belo Horizonte – Minas Gerais – Tel.: (31) 2121.4900 / 2121.4949
www.editoraforum.com.br – editoraforum@editoraforum.com.br

Técnica. Empenho. Zelo. Estes foram alguns dos cuidados aplicados na edição desta obra. No entanto, podem ocorrer erros de impressão, digitação ou mesmo restar alguma dúvida conceitual. Caso se constate algo assim, solicitamos a gentileza de nos comunicar através do e-mail <editorial@editoraforum.com.br> para que possamos esclarecer, no que couber. A sua contribuição é muito importante para mantermos a excelência editorial.
A Editora Fórum agradece a sua contribuição.

Dados Internacionais de Catalogação na Publicação (CIP) de acordo com a AACR2

P436i Pereira, Eliomar da Silva
Introdução ao Direito de Polícia Judiciária / Eliomar da Silva Pereira. – Belo Horizonte : Fórum, 2019.
153p.; 14,5cm x 21,5cm
Curso de Direito de Polícia Judiciária. v. 1.

ISBN da coleção: 978-85-450-0615-2
ISBN do volume: 978-85-450-0616-9

1. Direito Público. 2. Direito Constitucional. 3. Direito Administrativo. 4. Direito Processual Penal. I. Título.

CDD: 341
CDU: 342

Elaborado por Daniela Lopes Duarte – CRB-6/3500

Informação bibliográfica deste livro, conforme a NBR 6023:2002 da Associação Brasileira de Normas Técnicas (ABNT):

PEREIRA, Eliomar da Silva. *Introdução ao Direito de Polícia Judiciária*. Belo Horizonte: Fórum, 2019. 153p. (Curso de Direito de Polícia Judiciária, v. 1). ISBN 978-85-450-0616-9.

Aos meus alunos do I Curso de Especialização em Direito de Polícia Judiciária e a todos os demais que esperamos se seguirem na Escola Superior de Polícia.

As instituições representam, no direito como na história, a categoria da duração, da continuidade e do real; a operação de sua fundação constitui o fundamento jurídico da sociedade e do Estado.

(Maurice Hauriou, *A teoria da instituição e da fundação*)

LISTA DE ABREVIATURAS E SIGLAS

CADH – Convenção Americana de Direitos Humanos
CIADH – Corte Interamericana de Direitos Humanos
CIC – *Code d'Instruction Criminelle* (1808)
CJF – Conselho de Justiça Federal
CNJ – Conselho Nacional de Justiça
CNMP – Conselho Nacional do Ministério Público
CNUCOT – Convenção das Nações Unidas contra o Crime Organizado Transnacional
CPP – Código de Processo Penal brasileiro (1943); Código de Processo Penal português (1987); *Codice de Procedura Penale* italiano (1988); *Code de Procedure Penale* francês (1958)
CRFB – Constituição da República Federativa do Brasil (1988)
DJ – Direito e Justiça (Revista da Faculdade de Direito da Universidade Católica Portuguesa, Escola de Lisboa)
HC – *Habeas Corpus*
LECrim – *Ley de Enjuiciamiento Criminal* (1882)
MP – Ministério Público
ONU – Organização das Nações Unidas
PG – *Polizia Giudiziaria*
PJ – Polícia Judiciária; *Policía Judicial*; *Police Judiciaire*
RBCP – *Revista Brasileira de Ciências Policiais* (Programa de Pós-Graduação da Escola Superior de Polícia, Polícia Federal do Brasil, Brasília)
RDPJ – *Revista de Direito de Polícia Judiciária* (Programa de Pós-Graduação da Escola Superior de Polícia, Polícia Federal do Brasil, Brasília)
RE – Recurso Extraordinário
Res. – Resolução
STF – Supremo Tribunal Federal
STJ – Superior Tribunal de Justiça
TEDH – Tribunal Europeu de Direitos Humanos

SUMÁRIO

APRESENTAÇÃO GERAL DO CURSO 13

INTRODUÇÃO 21
1   A Polícia Judiciária na história das instituições 21
2   O Direito de Polícia Judiciária nos tempos líquidos 23
3   Os princípios jurídicos na ciência aberta do Direito 28

PARTE I
POLÍCIA JUDICIÁRIA

CAPÍTULO 1
A IDEIA GERAL DE POLÍCIA JUDICIÁRIA 37

1.1   A polícia no *Ancien Régime* processual 38
1.2   A Polícia Judiciária na legislação pós-revolucionária 41
1.2.1   A fase da monarquia limitada (1789-1792) 42
1.2.2   A fase da democracia totalitária (1792-1795) 44
1.2.3   A fase do Diretório (1795-1799) 46
1.2.4   A fase do Consulado (1799-1804) 48
1.3   A Polícia Judiciária no *Code d'Instruction Criminelle*, de 1808   50
1.4   "*Idée générale de la policie judiciaire*", segundo M. Faustin Helie (1866) 53

CAPÍTULO 2
A POLÍCIA JUDICIÁRIA NO DIREITO COMPARADO 55

2.1   A *Police Judiciaire* na França 55
2.2   A *Polizia Giudiziaria* na Itália 57
2.3   A *Policía Judicial* na Espanha 58
2.4   A Polícia Judiciária em Portugal 60

CAPÍTULO 3
A POLÍCIA JUDICIÁRIA NO BRASIL 63

3.1   A instituição do juiz de paz e a formação da culpa 64
3.2   A figura dos chefes de polícia e seus delegados 66
3.3   A Polícia Judiciária na legislação e jurisprudência atuais 67
3.3.1   A dissociação entre Polícia Judiciária e apuração de infrações penais 69

3.3.2   A necessária imbricação "Polícia Judiciária-Investigação Criminal" 71

CAPÍTULO 4
O CONCEITO DE POLÍCIA JUDICIÁRIA 75
4.1   A ideia de instituição jurídica e sua função 75
4.2   Órgão e procedimento jurídico-processuais 76

PARTE II
DIREITO DE POLÍCIA JUDICIÁRIA

CAPÍTULO 1
A DOUTRINA JURÍDICA DA POLÍCIA JUDICIÁRIA 81
1.1   As razões da negligência intelectual 82
1.2   Exceções da doutrina jurídica estrangeira 84
1.3   A incerteza jurídica da dogmática nacional 87
1.4   Exceções da doutrina jurídica nacional 89

CAPÍTULO 2
O ESTATUTO JURÍDICO DA POLÍCIA JUDICIÁRIA 93
2.1   A crescente produção normativa 93
2.2   Dimensões dogmáticas jurídicas 96
2.3   As questões jurídicas zetéticas 97

CAPÍTULO 3
OS PRINCÍPIOS DE DIREITO DE POLÍCIA JUDICIÁRIA 101
3.1   Os postulados fundamentais do Estado de Direito 101
3.2   O princípio orgânico da divisão do poder punitivo 103
3.3   O princípio procedimental da proporcionalidade das medidas restritivas 111
3.4   O princípio substancial da indisponibilidade direta dos direitos fundamentais 118
3.5   O princípio formal da legalidade (material e processual) 122
3.6   O princípio constitucional-democrático do controle 126

CONCLUSÃO 133
1   A Polícia Judiciária como instituição essencial à função jurisdicional 133
2   Um direito especial de garantias fundamentais 140
3   A necessária autonomia institucional da Polícia Judiciária .. 142

REFERÊNCIAS 147

APRESENTAÇÃO GERAL DO CURSO

1. O Curso de Direito de Polícia Judiciária (CDPJ) se estrutura a partir de dois postulados teóricos fundamentais que se assumem por sua Coordenação, quais sejam, a Polícia Judiciária como instituição essencial à função jurisdicional (i), e o inquérito policial como processo penal (ii), visando à consolidação de um devido processo penal para o Estado de Direito.[1]

Esses postulados se podem remeter a "direitos a organização e procedimento", exigíveis a título de direitos a ações positivas, oponíveis ao legislador, como condições de efetividade prática de direitos fundamentais,[2] pois a proteção desses direitos depende de que o poder punitivo esteja organizado com uma divisão de funções intraprocessuais, que viabilize uma efetiva proporcionalidade no exercício da função jurisdicional.[3]

A considerar tudo que vem implicado nessa concepção, apenas uma dogmática jurídica compartimentada em disciplinas estanques, que já não é possível no atual estágio da ciência jurídica nacional, poderia remeter as matérias de Polícia Judiciária e inquérito policial exclusivamente ao Direito Administrativo, sem perceber o que há de constitucionalmente relevante e processualmente inevitável na atividade de investigação criminal, além da necessária incursão no campo do direito internacional em virtude da criminalidade organizada transnacional.

Daí a exigência metodológica de estruturar este curso em volumes de Direito Constitucional, Administrativo, Processual (I e II) e Internacional de Polícia Judiciária, além do volume dedicado às disciplinas extrajurídicas (Teoria da Investigação Criminal, Sistemas Comparados

---

[1] Postulados que defendemos desde o nosso PEREIRA, E. S. "Introdução: Investigação Criminal, Inquérito Policial e Polícia Judiciária". In: PEREIRA, E. S.; DEZAN, S. L. *Investigação criminal conduzida por Delegado de Polícia*: comentários à Lei 12.830/2013. Porto Alegre: Juruá, 2013, p. 21-34, embora tenhamos usado inicialmente a expressão "função essencial à Justiça", segundo a linguagem constitucional positiva que agora tentamos explicar melhor na perspectiva do Direito de Polícia Judiciária.

[2] Cf. ALEXY, R. *Teoria dos direitos fundamentais*, 2015, p. 470 ss.

[3] Cf. GÖSSEL, K. H. *El Derecho Procesal Penal en el Estado de Derecho*, 2007, p. 20 ss.

de Investigação Criminal, Gestão Estratégica da Investigação Criminal, Gestão Pública da Polícia Judiciária), tudo precedido de uma Introdução ao Direito de Polícia Judiciária, buscando cobrir a totalidade das disciplinas da Especialização em Direito de Polícia Judiciária do Programa de Pós-Graduação da Escola Superior de Polícia, que tem entre seus professores o coordenador, os organizadores e os autores deste curso.

2. A ideia de uma Polícia Judiciária como função essencial à justiça, distinta rigidamente de uma polícia de segurança pública, vem acrescida de sua necessária autonomia institucional e funcional, bem como de um controle externo democrático e uma fiscalização interna no inquérito policial, não apenas pelo órgão oficial de acusação, assumido pelo Ministério Público, mas também por um órgão oficial de defesa que se deveria assumir pela Defensoria Pública.

Embora ao pensador jurídico dogmático esse postulado pareça estar em desconformidade com o constitucionalismo formal nacional, em verdade ele está, em perspectiva jurídica zetética, em conformidade material com o Estado (constitucional e democrático) de Direito, segundo a concepção de Luigi Ferrajoli, para quem:

> Na lógica do Estado de direito, as funções de polícia deveriam ser limitadas a apenas três atividades: a atividade investigativa, com respeito aos crimes e aos ilícitos administrativos, a atividade de prevenção de uns e de outros, e aquelas executivas e auxiliares da jurisdição e da administração. Nenhuma destas atividades deveria comportar o exercício de poderes autônomos sobre as liberdades civis e sobre os outros direitos fundamentais. As diversas atribuições, por fim, deveriam estar destinadas a corpos de polícia separados entre eles e organizados de forma independente não apenas funcional, mas também, hierárquica e administrativamente dos diversos poderes aos quais auxiliam. Em particular, a polícia judiciária, destinada à investigação dos crimes e a execução dos provimentos jurisdicionais, deveria ser separada rigidamente dos outros corpos de polícia e dotada, em relação ao Executivo, das mesmas garantias de independência que são asseguradas ao Poder Judiciário do qual deveria, exclusivamente, depender.[4]

Ademais, com essa ideia, pretende-se corrigir uma equivocada concepção do constituinte, que já Fábio Konder Comparato havia observado, ao propor ao Conselho Federal da Ordem dos Advogados do Brasil que se fizesse uma PEC para separar rigidamente as funções

---
[4] FERRAJOLI, L. *Direito e razão*: teoria do garantismo penal, 2002, p. 617.

de polícia de prevenção e polícia de investigação, atribuindo a um Conselho Nacional de Polícia Judiciária o seu controle externo de forma mais democrática, retirando o controle exclusivo do órgão oficial de acusação.[5]

3. A ideia de inquérito policial como processo penal, por sua vez, vem acrescida da sua indispensabilidade como fase prejudicial, opondo-se à doutrina tradicional que reivindica a investigação criminal como procedimento exclusivamente preparatório da ação penal, reduzido a mera peça informativa que se pode dispensar e, consequentemente, nunca transmite nulidades ao processo, em flagrante ofensa a direitos fundamentais ao devido processo penal.

A considerar a quantidade de provas que efetivamente se produzem no inquérito policial – numa distinção entre provas repetíveis e provas irrepetíveis, sob a perspectiva do que é efetivamente utilizado nas motivações de sentenças –, parece-nos que a ciência jurídico-processual brasileira já não se pode contentar com a tradição de obstruir a efetividade dos princípios jurídico-processuais na fase em que eles mais se fazem necessários ao devido processo. Trata-se, em última análise, de uma questão de justiça, que requer levar a sério os princípios garantistas do direito processual penal desde a fase de inquérito.

O fato de que a Polícia Judiciária atua mediante um aparelho administrativo, à semelhança de qualquer outra atividade estatal, não nos pode levar à confusão de considerar a investigação criminal como matéria exclusiva de Direito Administrativo, a considerar seus efeitos irremediavelmente processuais penais, bem como a função judicial que exsurge materialmente de parte essencial de seus atos.

Considerado como fase do processo penal, que produz irremediavelmente prova, o inquérito policial precisa passar a entender-se como fase obrigatória, imprescindível,[6] sem a qual não é possível a efetividade material da jurisdição que requer uma legitimidade cognitiva, trazendo a maior contrariedade possível no juízo de proporcionalidade de medidas restritivas de direito, chamando a Defensoria Pública ao inquérito, como órgão oficial de defesa, investida na função de fiscalização da efetividade da proteção aos direitos fundamentais, no interesse do indivíduo (proibição de excesso de poder), em igualdade de condições

---

[5] Cf., a respeito dessa proposta, COUTINHO, J. N. M. Da autonomia funcional e institucional da polícia judiciária. *RDPJ*, 2007, p. 13-24.
[6] Como se compreende a fase de inquérito no processo penal português, cf. SILVA, G. M. *Processo penal preliminar*, 1990, p. 137 ss.

com a fiscalização do Ministério Público, como órgão oficial de acusação, investido na função de fiscalização da efetividade da persecução penal, no interesse da coletividade (proibição de omissão de poder). Essa nova arquitetura da divisão do poder intraprocessual está em conformidade com a concepção de um direito penal mínimo, cujo objetivo duplo justificante é tanto a prevenção dos delitos, quanto a prevenção das penas informais, a exigirem necessariamente um espelhamento na estrutura do processo e na distinção dos interesses,[7] o que se deve observar desde a fase de inquérito, como processo de investigação penal.

4. Trata-se, aqui, de efetivamente distinguir, numa divisão microfísica de poder intraprocessual, não apenas o órgão oficial de acusação do órgão de julgamento, mas também do órgão oficial de investigação, bem como de um órgão oficial de defesa,[8] como forma de assegurar uma acusatoriedade não meramente formal ao processo, instituindo assim uma igualdade efetiva de armas, com a limitação dos poderes do Ministério Público, a ser considerado como "parte (naturalmente) parcial",[9] enterrando em definitivo o discurso legitimador de poder punitivo que ainda insiste na ideia de uma acusação que também zela pelos direitos de defesa, ao mesmo tempo em que é o titular da investigação criminal.[10]

É preciso, em definitivo, no direito brasileiro, entender-se que o sistema acusatório, ao separar as funções de acusar e julgar, não consente que a acusação possa ter sobre a defesa qualquer proeminência,[11] tampouco que possa produzir provas que serão utilizadas em julgamento, sem controle recíproco das partes, pois isso nos leva irremediavelmente de volta ao inquisitório como o advertia Francesco Carrara.[12]

Em suma, é com esse espírito que se desenvolve todo o Curso de Direito de Polícia Judiciária, em sete volumes, no objetivo de estabelecer

---

[7] Cf. a respeito, FERRAJOLI, L. *Direito e razão*: teoria do garantismo penal, 2002, p. 267 ss.
[8] GÖSSEL, K. H. *El Derecho Procesal Penal en el Estado de Derecho*, 2007, p. 39 ss.
[9] Cf. expressão de MONTERO AROCA, J. *Proceso penal y libertad*: ensayo polémico sobre el nuevo proceso penal, 2008, p. 122 ss.
[10] A chamar atenção para o criptoautoritarismo desse discurso, presente no Código Rocco, mas incompatível com um *"giusto processo"*, cf. RICCIO, G. *La procedura penale*, 2010, p. 27 ss; a considerar isso um mito, cf. CASARA, R. R. R. *Mitologia processual penal*, 2015, p. 152 ss.
[11] Nesse sentido, cf. FERRAJOLI, L. *Direito e razão*: teoria do garantismo penal, 2002, p. 450 ss.
[12] CARRARA, F. *Programa do curso de direito criminal*, 1957, v. II, p. 319.

um novo marco à compreensão da Polícia Judiciária, ao mesmo tempo em que tenta atribuir-lhe o primeiro esboço sistemático de uma disciplina negligenciada pela dogmática jurídica nacional.

5. Contudo, embora se trate de um primeiro passo na sistematização doutrinária do Direito de Polícia Judiciária, que para evoluir dependerá de discussões mais aprofundadas e constantes em torno das diversas questões jurídicas que se levantam, é importante que se reconheçam as diversas ações acadêmicas que antecederam e viabilizaram essa nossa iniciativa, que possui débito com muitos colaboradores, aos quais agradecemos aqui.

Em especial, registramos nossos agradecimentos aos componentes do *Grupo de Pesquisa sobre Direito de Polícia Judiciária* (2016-2017),[13] aos participantes do *I Congresso de Direito de Polícia Judiciária* (2017),[14] aos membros do Conselho Científico da *Revista de Direito de Polícia Judiciária* (2017-)[15] e aos professores do *Curso de Especialização em Direito de Polícia Judiciária* (2017-),[16] pela adesão ao projeto geral de construção e discussão sobre o Direito de Polícia Judiciária. Nomeadamente, pedindo desculpas se houver esquecido alguém: Alexandre Moraes da Rosa; Américo Bedê Freire Júnior; Anthony W. Pereira; Bruna Capparelli; Carlos Roberto Bacila; Célio Jacinto dos Santos; Diana Calazans Mann; Édson Luís Baldan; Elisângela Mello Reghelin; Francisco Sannini Neto; Franco Perazzoni; Geraldo Prado; Guilherme Cunha Werner; Henrique Hoffmann Monteiro de Castro; Jacinto Nelson de Miranda Coutinho; Jaime Pimentel Júnior; José Pedro Zaccariotto; Luiz Roberto Ungaretti de Godoy; Manuel Monteiro Guedes Valente; Márcio Adriano Anselmo; Mart Saad; Milton Fornazari Junior; Octavio Luiz Motta Ferraz; Paulo Henrique de Godoy Sumariva; Rafael Francisco Marcondes de Moraes; Rodrigo Carneiro Gomes; Ruschester Marreiros Barbosa; Sandro Lucio Dezan; Vinicius Mariano de Carvalho; Wellington Clay Porcino.

Não poderíamos, ainda, deixar de manifestar nosso agradecimento ao apoio e incentivo que recebemos do coordenador da Escola Superior de Polícia, Dr. Júlio Cesar dos Santos Fernandes, quem por primeira vez suscitou a ideia da necessidade de uma disciplina especificamente orientada à discussão das questões de interesse da Polícia Judiciária.

---

[13] Cf. <dgp.cnpq.br/dgp/espelhogrupo/4940013669176426>.
[14] Cf. <https://www.conjur.com.br/2017-mar-30/delegados-reunem-brasilia-congresso-policia-judiciaria>.
[15] Cf. <https://periodicos.pf.gov.br/index.php/RDPJ>.
[16] Cf. <http://www.pf.gov.br/anp/educacional/pos-graduacao/>.

É a todos que entregamos esta publicação, esperando ter atendido às expectativas geradas, desde o primeiro passo dado em 2016, quando anunciamos a criação de uma nova disciplina jurídica nacional: Direito de Polícia Judiciária.

Eliomar da Silva Pereira
Coordenador do Curso

PLANO GERAL DO CURSO
COORD. ELIOMAR DA SILVA PEREIRA

VOLUME 1
Introdução ao Direito de Polícia Judiciária
Eliomar da Silva Pereira

VOLUME 2
Direito Constitucional de Polícia Judiciária
Guilherme Cunha Werner

VOLUME 3
Direito Administrativo de Polícia Judiciária
Sandro Lucio Dezan

VOLUME 4
Direito Processual de Polícia Judiciária I
Eliomar da Silva Pereira e Márcio Adriano Anselmo (Org.)

VOLUME 5
Direito Processual de Polícia Judiciária II
Eliomar da Silva Pereira e Márcio Adriano Anselmo (Org.)

VOLUME 6
Direito Internacional de Polícia Judiciária
Eliomar da Silva Pereira e Milton Fornazari Junior (Org.)

VOLUME 7
Disciplinas Extrajurídicas de Polícia Judiciária
Eliomar da Silva Pereira (Org.)

INTRODUÇÃO

> *Uma consciência histórica, que se pretenda verdadeiramente concreta, deve considerar a si mesma como fenômeno essencialmente histórico.*
>
> (H.-G. Gadamer)

1 A Polícia Judiciária na história das instituições

1. A *Polícia Judiciária* é uma instituição jurídica moderna, cuja compreensão exige perscrutar as relações entre regime político-constitucional e sistema jurídico-penal, visando a identificar as razões que justificam sua origem na história das instituições processuais penais. O que aqui se propõe, a título introdutório, é, nesse sentido, antes e acima de tudo, uma tentativa de resgatar a consciência histórica dessa instituição, cujo objetivo é sobretudo oferecer elementos racionais para uma melhor compreensão da Polícia Judiciária no direito nacional, embora também contenha elementos que podem contribuir à efetividade do devido processo penal no Estado (Constitucional e Democrático) de Direito, o que é interesse comum à cultura jurídica ocidental.

A consciência histórica acerca da Polícia Judiciária que buscamos não implica necessariamente uma dissolução do conhecimento que hoje temos dela, pois essa consciência pode tanto confirmá-lo quanto modificá-lo, mas em qualquer caso deve sobretudo enriquecê-lo, contribuindo para uma melhor compreensão da instituição, no sentido de descobrir sua identidade jurídica, no que se encontra a identidade dos indivíduos que a compõem no agir coletivo de sua função. Trata-se, portanto, de uma consciência histórica que pretende dotar de sentido uma instituição, com sua organização e seu procedimento.

O que se exige, contudo, é evitar que o pensamento tradicional se imponha como conservadorismo social e político – é preciso "que o novo venha à luz pela mediação do antigo".[1] Entre as novidades que já têm sido postas à luz da comunidade jurídica nacional, está a noção de *Polícia Judiciária como instituição essencial à função jurisdicional do Estado*. Essa concepção, aparentemente em confronto com a tradição constitucionalista formal, se bem compreendida, vem efetivamente aperfeiçoar a ideia de Justiça que subjaz ao constitucionalismo material próprio do Estado de Direito. É, nesse sentido, portanto, que esta introdução se deve compreender como uma teoria interpretativa da Polícia Judiciária, pois embora se pretenda uma interpretação histórica, possui muitas teorias pressupostas que se vão tornar evidentes ao longo do estudo.[2]

2. A consciência histórica acerca da Polícia Judiciária não se pode, contudo, impor como continuidade imemorial de uma instituição, buscando legitimidade jurídica a partir apenas de sua antiguidade.[3] É preciso aceitar as descontinuidades institucionais, ainda que possamos identificar em instituições antigas vestígios de similaridades com as instituições modernas. Afinal, embora possamos encontrar suas funções em instituições do direito antigo e medieval, é apenas na legislação francesa pós-revolucionária que sua ideia originária emerge como uma tentativa de conter a inquisitoriedade intrínseca ao processo penal, dividindo o poder em funções entre diversos sujeitos.

M. Faustin Helie, seguindo uma historiografia jurídica tradicional que buscava recorrer às origens mais remotas das instituições, havia identificado em certas figuras romanas o embrião do que viria a tornar-se a Polícia Judiciária francesa. Com acerto, observa que em todas as épocas, cidadãos ou magistrados, com diferentes medidas de autoridade, exerceram a função de Polícia Judiciária, que viria mais tarde a especificar-se em certas categorias de agentes, a exemplo dos *curiosi*, agentes civis que se tornaram os olhos do imperador (*hi imperatoris oculi*), que deveriam oferecer aos juízes informações sobre crimes que tinham constatado por sua inspeção.[4] Nesse mesmo sentido,

---

[1] GADAMER, H.-G. *O problema da consciência histórica*, 2003, p. 13-14.
[2] POPPER, K. *Conhecimento objetivo*, 1999, p. 158: "(...) toda interpretação é uma *teoria* e, como toda teoria, é ancorada em outras teorias (...)".
[3] A respeito, cf. HESPANHA, A. M. *História das instituições*, 1982, p. 11 ss.
[4] HELIE, M. F. *Traité de l'Instruction Criminelle*, t. III, De la Police Judiciaire, 1866, p. 11 ss. Para maiores detalhes sobre os *curiosi*, entre outros, como os *irenarchae* e os *stationarii*, cf. TUCCI, R.

se quisermos seguir com essa historiografia, poderíamos identificar, ainda, no direito medieval das *Siete Partidas*, a figura dos *pesquisadores*, aos quais se impunha conduzir a *pesquisa* lealmente, sem deixar-se invadir por amor, ódio ou medo.[5]

O problema é que, embora se possam identificar nessas tantas figuras históricas as funções de Polícia Judiciária, não é possível encontrar nelas qualquer vestígio de que o seu espírito corresponda ou se aproxime ao que justificou a criação da Polícia Judiciária na legislação pós-revolucionária. António Manuel Hespanha, a respeito dessa historiografia tradicional, já havia advertido que qualquer pretendida continuidade jurídica não pode desconsiderar rupturas, em razão da "alteridade do direito passado".[6] E esse nos parece ser o caso da Polícia Judiciária, cuja fundação se encontra no contexto das ideias revolucionárias francesas, cuja ruptura que produz nos sistemas social, político e jurídico constitui o princípio da modernidade em que ainda nos encontramos hoje. É a partir desse ponto que iniciamos nossa abordagem na primeira parte, seguindo com a apresentação de alguns modelos positivos de direito, com o objetivo específico de tentar identificar o que constitui a ideia geral e comum dessa instituição, independentemente das suas diversas configurações positivas, com o que esperamos oferecer um conceito de Polícia Judiciária, com o objetivo de delimitar o que constitui o campo de seu direito específico.

2   O Direito de Polícia Judiciária nos tempos líquidos

1. O Direito de Polícia Judiciária, que vamos tentar delimitar, atualmente se insere numa nova ordem jurídica aberta, que sofre dos mesmos problemas de todas instituições dos tempos líquidos de Zygmunt Bauman,[7] estando situado numa multiplicidade de normas, que se encaminha para um neofeudalismo jurídico de incertezas e pouca estabilidade (direito líquido). Essa nova realidade jurídica desafia a ciência do direito tradicional, estando a exigir-nos uma compreensão inicial de suas características mais problemáticas.

L. *Lineamentos de processo penal romano*, 1976; SANTALUCIA, B. *Diritto e processo penal nell'antica Roma*, 1998.

[5]   Cf. ALESSI, G. *Il processo penale*: profilo storico, 2011, p. 57 ss.

[6]   Cf. HESPANHA, A. M. *Cultura jurídica europeia*, 2012, p. 51 ss.

[7]   BAUMAN, Z. *Tempos líquidos*, 2007, p. 7 ss.

O direito positivo tradicional, sobretudo como nos acostumamos a estudar no Brasil na última década do século passado e ainda nos primeiros anos do século atual, esteve excessivamente limitado ao que se produzia pela legislação, especialmente pelo legislador ordinário, num quadro de normas estatais nacionais. Essa concepção é fruto não apenas de uma época, mas sobretudo de um certo contexto local que viu a necessidade de estabelecer limites ao poder executivo, no início da idade moderna, em que o legislador prevalece como poder, assumindo a legitimidade constituinte democrática, para estabelecer parâmetros inclusive à atividade jurisdicional que se devia restringir a *bouche de la loi*.

Mas essa concepção nunca correspondeu a todo o positivismo jurídico, a considerar a tradição positivista inglesa no quadro do *common law*.[8] Ademais, mesmo em Hans Kelsen, a quem erroneamente estamos acostumados a atribuir uma imagem caricata do direito positivo no Brasil, é possível encontrar a ideia de uma "estrutura escalonada da ordem jurídica", no cume da qual se encontra a Constituição, que poderia regular a proeminência legislativa, chegando mesmo a admitir "o caráter constitutivo da decisão judicial", embora tudo sempre tendente a preservar de alguma forma o máximo possível da função legislativa, ao considerar a existência prévia de uma norma geral que se especificava pela função jurisdicional.[9] É também em Kelsen que já podemos encontrar as primeiras considerações de um possível direito internacional, levantando o princípio do primado da ordem jurídica internacional.[10]

Mas, é certo, não estávamos ainda, pelo menos no contexto da ideologia positivista reducionista no Brasil, preparados para enfrentar todas essas questões que exsurgem no âmbito de uma sociedade complexa e global, que exige uma ciência jurídica igualmente apta a conciliar todos esses elementos em um sistema coerente, aberto à corrigibilidade por autoridades muito diversas, tanto em âmbito interno, quanto em âmbito externo. A abertura do sistema jurídico, nesse sentido, precisa ser compreendida tanto no sistema objetivo, do direito como manifestação institucional do poder, quanto no sistema científico, do direito como realização teórica da doutrina, segundo aquela distinção fundamental que se encontra na história

---

[8] BOBBIO, N. *O positivismo jurídico*, 2006, p. 63 ss.; p. 91 ss.
[9] KELSEN, H. *Teoria pura do direito*, 2000, p. 246 ss.; p. 263 ss.
[10] KELSEN, H. *Teoria pura do direito*, 2000, p. 374 ss.

do pensamento jurídico e nos serve nesta introdução, para entender a ciência jurídica como correção do direito institucional.[11] A abertura no sistema jurídico nacional nas primeiras décadas do sec. XXI virá, contudo, acrescida de uma instabilidade institucional e confronto entre órgãos de poder, em vários campos do direito, mas especialmente no campo do que constitui o Direito de Polícia Judiciária.

2. A primeira abertura que se observa no Brasil decorre do fenômeno da constitucionalização do direito ordinário, primeiro pela previsão em texto constitucional de vários institutos jurídicos, depois pela expansão da função jurisdicional, ao que se segue um outro fenômeno de proliferação normativa infraconstitucional, com a perda da centralidade da lei, trazendo impactos na força normativa da Constituição, embora o positivismo jurídico prossiga firme, mas com um sentido mais amplo.

a) *A constitucionalização do direito.* A partir da previsão de normas principiológicas dirigentes, para além dos limites que se impunham a qualquer nova legislação, cria-se para o legislador a difícil tarefa de atualização institucional do direito que em alguns casos não se podia mitigar por uma mera (re)interpretação da lei, tampouco seguir se limitando a casos concretos individuais sem nenhuma coerência do sistema objetivo, exigindo do judiciário uma (re)engenharia funcional que permitisse concentrar decisões jurisdicionais com força normativa para além das hipóteses de controle de constitucionalidade. É nesse contexto que se situam bem o efeito *erga omnes* (Lei nº 9.868/99, art. 28, parágrafo único), as repercussões gerais e súmulas vinculantes (EC 45/2004). No campo do Direito de Polícia Judiciária, entre outras normas jurisdicionais, é um exemplo paradigmático a Súmula Vinculante 14.

b) *Positivismo jurisdicional.* Esse fenômeno de normativismo jurisdicional, se por um lado nos dá a impressão de que o positivismo está se enfraquecendo, na verdade, bem vistas as coisas, tendo em conta uma comparação com o positivismo de países de *common law*, apenas representa um incremento que implica uma nova forma de positivismo, não mais exclusivamente legislativo, mas também jurisdicional, por atribuir às decisões jurisdicionais alguma força de lei, contribuindo, assim, de uma perspectiva mais global para uma aproximação entre os grandes sistemas de direito ocidental (*civil law* e *common law*). Nesse ponto, na perspectiva do que interessa ao

---

[11] Cf. CANARIS, C.-W. *Pensamento sistemático e conceito de sistema na ciência do direito*, 2008, p. 25 ss.; LOSANO, M. *Sistema e estrutura no direito*, v. 1, 2008, p. 3-49.

nosso tema, devemos observar a crescente jurisprudência em tema de inquérito policial, a contrariar qualquer ideia de que se trata de um procedimento inquisitorial, sem quaisquer direitos de defesa. Em grande medida, como o veremos, o Direito de Polícia Judiciária, a partir de uma arquitetura constitucional e legal mínima, vai construir-se mais densamente com base em normas jurisdicionais. O problema, contudo, é que, nos espaços normativos, muitas normas de natureza meramente administrativa estão a criar no sistema jurídico nacional um fenômeno problemático – uma normatização do direito com base em resoluções de conselhos que se atribuem o poder normativo de disciplinar questões jurídicas de Polícia Judiciária.

c) *(Neo)feudalização do direito*. Assim, não é apenas o positivismo jurisdicional que contribui para "a perda da centralidade da lei", mas também uma certa administrativização da função normativa, a exemplo do que se deu inicialmente pelo fenômeno das Agências Reguladoras, mas que agora também tem permitido uma proliferação de normas de caráter corporativo, a partir de temas que lhe são *interna corporis*, mas sempre avançando algo mais em temas que deveriam vir tratados por lei em sentido estrito. É nesse contexto que se situam as diversas resoluções do Conselho Nacional de Justiça, do Conselho de Justiça Federal, do Conselho Nacional do Ministério Público, que acabam por disciplinar o Direito de Polícia Judiciária.

No conjunto, leis, jurisprudência e resoluções compõem o Direito de Polícia Judiciária, segundo uma "teoria pluralista das fontes de direito",[12] mas de uma forma desordenada, cada um tomando para si competências originariamente atribuídas ao Poder Legislativo, criando um fenômeno de feudalização do direito.

d) *Perda da força normativa da Constituição*. Com isso, contudo, não tem ocorrido apenas uma distribuição do Poder Legislativo, mas também uma perda da força normativa da Constituição, cujas disposições são amiúde deixadas de lado, por oportunidade e conveniência administrativas. Pontualmente, devemos ter em conta aqui as disposições constitucionais sobre competência para legislar sobre processo penal, a considerar que cada vez mais resoluções do CNMP, que trata do procedimento de investigação criminal, efetivamente o que fazem é dispor da competência legislativa, desconsiderando-a em favor de um poder feudalizado num órgão.

---

[12] HESPANHA, M. *O caleidoscópio do direito*, 2014, p. 522 ss.

Tudo, no conjunto, tem se dirigindo a uma ductibilidade jurídica e uma dissociação entre constituição formal e realidade jurídica, que em síntese representa a força dos fatos, fatores reais de poder, atuando em detrimento da força normativa da Constituição.[13]

3. A segunda abertura decorre do fenômeno da internacionalização do direito, que incorpora outras tantas normas ao direito interno, reduzindo a soberania do estado-nação pela proeminência de direitos humanos em certos âmbitos de questões jurídicas.

A primeira redução da soberania jurídica do estado-nação acontece com a queda do velho paradigma de Vestfália, com a Carta da ONU (1945), pela qual a soberania fica limitada pelos direitos humanos (supraestatais) que viriam declarados pelos Pactos de 1966, cuja tutela estaria garantida jurisdicionalmente em nível internacional.[14]

A criação de sistemas regionais de direitos humanos, como o que encontramos na Europa e na América, representa um maior fortalecimento dessa instância de poder supraestatal, reduzindo os espaços de disposição dos estados-nação, que passam a sofrer sanções externas, entre as quais se encontram por vezes necessidades corretivas da legislação interna, tendo como parâmetro não mais a Constituição Nacional, embora ainda se possa falar de um constitucionalismo regional e global.[15]

Nesse ponto, por exemplo, no que interessa a um Direito de Polícia Judiciária, é relevante conferir o Caso Escher *vs.* Brasil (Corte Interamericana de Direitos Humanos, 2009). E, ainda, entre outras questões, cabe-nos saber que normas internacionais incidem em questões de Direito de Polícia Judiciária, bem como qual tem sido sua eficácia e interpretação, a exemplo do regime especial dos tratados de direitos humanos (Art. 5º, §3, EC 45/2004), bem como do instituto da Audiência de Custódia, prevista na Convenção Americana de Direitos Humanos.

O que decorre desse novo fenômeno é que estamos avançando "rumo a uma direito global",16 que tem carregado consigo uma (re) engenharia do poder, em que instituições estatais têm estabelecido

---

[13] A respeito desses diversos fenômenos jurídicos, cf. ZAGREBELSKY, G. *El derecho dúctil*, 2009; LOEWENSTEIN, K. *Teoria de la constitución*, 1979; HESSE, K. *A força normativa da Constituição*, 1991.
[14] FERRAJOLI, L. *A soberania no mundo moderno*, 2007a, p. 39 ss.
[15] GOMES CANOTILHO, J. J. *"Brancosos" e interconstitucionalidade*: itinerários dos discursos sobre a historicidade constitucional, 2012, p. 199 ss.; p. 259 ss.
[16] DUARTE, M. L. *Direito internacional público e ordem jurídica global do século XXI*, 2014; SCHIOPPA, A, P. *História do direito na Europa*, 2014, p. 477 ss.

cada vez mais diálogo e criado esforços conjuntos para enfrentar problemas que estão ultrapassando as fronteiras nacionais, a exigir ações conjuntas e facilidades de atuação em território estrangeiro, a exemplo da cooperação internacional que se sente também na atividade de Polícia Judiciária, especialmente no enfrentamento da criminalidade organizada transnacional.

E tudo isso terá impacto no Direito de Polícia Judiciária, apesar da negligência da doutrina jurídica e da incerteza jurídica nacional na busca por seu regime jurídico, que ao final terá dimensões variadas no âmbito constitucional, administrativo, processual e internacional, mas que se pode reduzir a um direito especial de garantias fundamentais relativas à organização e procedimento da Polícia Judiciária.

3 Os princípios jurídicos na ciência aberta do Direito

1. A ciência do Direito de Polícia Judiciária, nesse quadro de abertura do sistema objetivo, precisa atuar sob o paradigma da autocorrigibilidade do conhecimento, que tem marcado a epistemologia das ciências dos últimos tempos, apoiando-se numa ciência jurídica de princípios.

A ciência em geral avança historicamente da ideia racional de demonstração, passando pela noção positivista de descrição e chegando à noção de autocorrigibilidade própria da ciência falseacionista contemporânea, que corresponde no direito a uma noção de sistema aberto científico.[17] A ideia de sistema aberto, segundo uma ciência jurídica autocorrigível, exige uma metodologia jurídica integral, que reconheça uma ligação com uma filosofia especificamente jurídica, pela qual o direito constitui uma dimensão autônoma da filosofia prática, cuja ética própria é uma ética de justiça.[18]

A ciência jurídica, nesse sentido, postula para o direito a pretensão de correção, tanto das leis, quanto das decisões judiciais, bem como de todo o sistema jurídico. Essa pretensão de correção se entende mais adequadamente como uma pretensão de justiça. O direito, nesse sentido, entende-se como "um sistema normativo que formula uma pretensão à correção", segundo Robert Alexy, para quem esse é o seu aspecto prático mais relevante que, embora não prive os sistemas de validade jurídica no caso de descumprimento, torna-os

---

[17] ABBAGNANO, N. *Dizionario di filosofia*, 2013.
[18] Cf., a respeito: CORTÊS, A. "Para uma metodologia juridical integral", *DJ*, 2013, p. 77 ss.

"juridicamente defeituosos", porque "o direito possui uma dimensão ideal necessária".[19] Essa pretensão de correção é, em última análise, uma *pretensão de justiça*,[20] que coloca direito e moral em contato numa espécie de positivismo jurídico inclusivo e que podemos compreender como uma constante tentativa de aproximação da justiça que move não tanto o direito em si, a considerar que sua falta não lhe retira imediatamente a validade, mas a sua ciência.[21] Pode-se, é certo, objetar que nunca sabemos quando estamos mais próximos da justiça, ou que nunca vamos nos aproximar dela tanto, mas ainda assim a pretensão subsiste epistemologicamente.[22]

Esse discurso tem permitido retomar a racionalidade jurídica do direito natural, como questão de compreensão crítica do direito positivo e desconfiança da autoridade estatal.[23] Tem, ainda, permitido pensar o direito de forma mais realista, cuja experiência jurisprudencial revela a capacidade para solução de problemas que se apresentam à sociedade, abrindo-se a ciência jurídica para uma discussão mais tópica e zetética, em que a perspectiva não institucional do jurista como observador externo tende a retomar uma importância científica,[24] mas sempre tendo a Justiça como seu valor fundamental.

Contudo, para o problema da justiça não há soluções mágicas, senão seguir descartando injustiças constatadas nas experiências históricas e positivas do direito. É o mesmo caminho que Gaston Bachelard sugere ao problema da verdade, quando sintetiza a estrutura do novo espírito científico na "consciência de seus erros históricos".[25] Ele sustenta uma "filosofia do inexato" e postula que "a aproximação é a única feição fecunda do pensamento". Em sua acepção, "é o conhecimento aproximado que põe no justo lugar uma realidade que conserva sempre

---

[19] ALEXY, R. *Conceito e validade do direito*, 2011, p. 43 e 152.
[20] Cf. ALEXY, R.; BULYGIN, E. *La pretensión de corrección del derecho*, 2001, p. 15 ss.
[21] Acerca das discordâncias entre positivismo inclusivo e positivismo exclusivo, cf. OTTO, E.; POZZOLO, S. *Neoconstitucionalismo e positivismo jurídico*: as faces da teoria do direito em tempos de interpretação moral da Constituição, 2012, p. 36-45.
[22] Cf. SUPIOT, A. *Homo juridicus*, 2007, p. XXX: "O Direito não é a expressão de uma Verdade revelada por Deus ou Descoberta pela Ciência; tampouco é um mero instrumento que poderia ser julgado por sua eficácia (...) ele serve para aproximar, sem nunca poder atingir, uma representação justa do mundo".
[23] STRAUSS, L. *Direito natural e História*, 2009.
[24] ZIPPELIUS, R. *Filosofia do Direito*, 2010; FERRAZ JR., T. S. *Introdução ao estudo do direito*, 2007; CAENEGEM, *Juízes, legisladores e professores*, 2010.
[25] BACHELARD, G. *O novo espírito científico*, 2008, p. 166; em conformidade com RAWLS, J. *Uma teoria da Justiça*, 2013, p. 27: "A justiça é a virtude primeira das instituições sociais, tal como a verdade o é para os sistemas de pensamento".

em alguma parte, (...), características individuais e movediças".[26] E precisamente no campo da justiça é que sabemos o quanto a universalidade da lei pode exigir a equidade do caso individual. E isso nos reconduz à noção de corrigibilidade, em que a justiça surge pela identificação e descarte de erros cada vez mais sutis.

O problema da correção do sistema jurídico é saber a quem cabe corrigi-lo, com base em que o faz e se subsiste algum limite à correção. As técnicas do controle de constitucionalidade moderno, sustentadas na ideia de uma constituição escrita e rígida, respondem a esses problemas com um marco bem delimitado de correção, mas em uma concepção mais abrangente da ciência do direito, que se não limite à dogmática interpretativa constitucional, são também formas de correção a revisão constitucional e as alterações legais, como o são ainda as propostas legislativas e doutrinárias. O certo é que o direito não se pode definir apenas como correção pelo Poder Judiciário. Também as decisões judiciais se devem pensar como corrigíveis para além do recurso ao tribunal. Se o direito está para além da lei, se ele se pode encontrar também em decisões judiciais e até normas administrativas, tudo precisa estar em condições de ser igualmente corrigível. E, de fato, o argumento completo da correção de Robert Alexy afirma que "tanto as normas e decisões jurídicas individuais quanto os sistemas jurídicos como um todo formulam necessariamente a pretensão à correção". Há, contudo, certas instâncias de decisão jurídica institucional que somente encontram um discurso de correção no âmbito de uma concepção crítico-racional da ciência jurídica, em que todas proposições jurídico-positivas, legais ou jurisprudenciais, ou até mesmo administrativas, se possam discutir abertamente e sem obstáculos epistêmicos institucionais.

2. A pretensão de justiça que se encontra nessa concepção nos encaminha a uma ciência jurídica a partir de seus princípios como elementos concentradores das bases axiológicas que buscam a realização do horizonte do direito.

A antiga jurisprudência dos conceitos do século XIX tinha subjacente uma ordem social menos complexa e estática, em cujo cume de um ideal sistema lógico se encontrava o conceito mais geral possível, do qual deveriam decorrer e subsumir-se todos os demais, em que a própria ciência postulava a condição de fonte. A jurisprudência dos

---

[26] BACHELARD, G. *Ensaio sobre o conhecimento aproximado*, 2004, p. 10; p. 279.

interesses, por sua vez, punha nas exigências da vida, nos bens não apenas materiais, mas também ideais, a função de tutela do direito. A jurisprudência dos valores, por fim, desloca a questão dos interesses para os valores, a considerar que o importante ao final é a valoração que se atribui não apenas a interesses, mas a outros tantos fatores que se podem encontrar na base de justificação da norma.[27] Atualmente, contudo, a considerar a inevitável abertura do direito e a ideia de corrigibilidade do conhecimento, o sistema jurídico se entende como "ordem axiológica ou teleológica de princípios jurídicos gerais".[28] A jurisprudência dos princípios, nesse sentido, busca concentrar nos princípios, mais que nos interesses e valores subjacentes, as bases axiológicas da ideia de justiça que orienta o discurso jurídico como um todo, não a lei e outras fontes formais, na realização do horizonte do direito.[29] E esse é o sentido com que desenvolvemos esta *Introdução ao Direito de Polícia Judiciária*, na busca pelos princípios que devem conduzir a construção do seu *corpus iuris*.

Os princípios de direito, que nos devem orientar nessa ciência jurídica, são sínteses normativas de razões referidas a valores e a fatos, que postulam a posição de axiomas jurídicos orientados a resolver problemas de um âmbito específico das relações jurídicas com exigência de justiça. No âmbito do Direito de Polícia Judiciária, eles estão orientados a estabelecer o parâmetro último de máxima legitimação do poder que se exerce na investigação criminal. Nesse sentido, eles pretendem a menor redução possível do âmbito de proteção de direitos implicados nos problemas. Eles representam, assim, uma racionalidade jurídica específica, que se apoia em pressupostos teóricos e metafísicos, axiológicos e histórico-positivos que constituem o *ethos* e a *episteme* da cultura de uma época.[30]

Os princípios podem ser assumidos como axiomas ou como postulados.[31] Tanto os podemos entender como axiomas normativos de um sistema jurídico quanto como postulados epistêmicos de uma ciência jurídica (crítico-racional) do Direito de Polícia Judiciaria. Isso

---

[27] LARENZ, K. *Metodologia da ciência do direito*, 2012, p. 21 ss.; p. 63 ss.; p. 163 ss.; ENGISCH, K. *Introdução ao pensamento jurídico*, 2008, p. 367 ss.; p. 371 ss.; p. 377 ss.
[28] CANARIS, C.-W. *Pensamento sistemático e conceito de sistema na ciência do direito*, 2008, p. 66 ss.; p. 280.
[29] CORTÊS, A. *Jurisprudência dos princípios*, 2010.
[30] PEREIRA, E. S. *Processo (de Investigação) Penal*, 2018, p. 164 ss.
[31] A distinção entre axioma e postulado tem sido importante nas ciências em geral (cf. ABBAGNANO, N. *Dizionario di filosofia*, 2013, p. 86; p. 843).

depende do âmbito de discussão em que estamos. Nesse sentido, eles são bifrontes.

De um lado, são parâmetros últimos de ação, com força normativa para a decisão judicial, mas também para a atividade dos diversos sujeitos que atuam no âmbito de Direito de Polícia Judiciária; são nesse sentido, axiomas fundamentais determinantes.[32] Ao contrário de teorias científicas que não são mais que hipóteses, princípios nesse sentido não são teorias que se destinam a especular; são ordens diretivas da ação que se destinam a cumprir-se como configuração de um sistema de justiça.[33] Contudo, deve-se admitir que "um sistema de justiça, por mais adiantado que seja, não pode eliminar toda arbitrariedade, senão, na verdade, já não seria um sistema normativo; estabeleceria uma necessidade lógica ou uma universalidade experimental e seu caráter normativo desapareceria imediatamente". Em suma, "todo sistema de justiça constitui apenas o desenvolvimento de um ou de vários valores".[34]

Isso implica reconhecer em qualquer sistema jurídico válido uma teoria de justiça pressuposta, que contém antecedentes socioculturais nos quais se sustenta para estabelecer seus princípios como axiomas. Adquirir consciência desses antecedentes, que são condicionantes de uma teoria da justiça, identificar seus pontos problemáticos e seus limites na concepção de um Direito de Polícia Judiciária, é parte importante da compreensão dos princípios de direito segundo uma abordagem epistemológica da justiça. E nos permite entender que, em uma dimensão não institucional do direito, no âmbito de uma ciência jurídica, os princípios se podem entender como postulados.

De outro lado, portanto, os princípios são conjecturas primárias de conhecimento, como hipóteses refutáveis de fundamentação da validade do direito; são nesse sentido postulados (não necessariamente fundamentais) condicionantes de nossa concepção de justiça que se devem manter por sua capacidade de sustentar uma visão aceitável do direito, enquanto permanecerem como melhor teoria aproximada da justiça. Nesse sentido, devemos entendê-los como pressupostos de conhecimento que, sendo postulados e condicionantes (não axiomas e determinantes), implicam duas ordens de questões. Como condicionantes, implica que, apenas sendo justos os postulados, pode-se

---

[32] É nesse sentido que CORTÊS, *Jurisprudência dos princípios*, p. 27-29, considera-os como "o núcleo essencial constituinte do Direito".

[33] Cf. PERELMAN, C. *Lógica jurídica*, 1998, p. 111.

[34] Cf. PERELMAN, C. *Ética e Direito*, 2005, p. 59.

chegar a conclusões verdadeiramente justas. Uma teoria da justiça processual assim concebida é verdadeiramente justa, dependendo da justiça das suas condições. É uma teoria condicionada, portanto. Por sua vez, como postulados, e não axiomas, deve-se admitir sua falsidade, além de admitir-se que não implica uma dedução lógico-formal em único sentido.

Em síntese, como axiomas, os princípios se assumem como imperativos de uma ciência dogmática do Direito de Polícia Judiciária, que se pode colher no ordenamento jurídico positivo; como postulados, eles se assumem como hipóteses de justiça de uma ciência zetética do Direito de Polícia Judiciária, que se podem questionar pela incapacidade para resolver os problemas desse âmbito específico. É nesse sentido que esta nossa introdução se deve entender como uma contribuição zetética.

Essa compreensão bifronte dos princípios nos permite entender que eles não se limitam ao que se encontra em elementos histórico-positivos, podendo haver muito mais que se possa extrair de elementos axiológicos que nos permitem aperfeiçoar a compreensão da positividade jurídica. Isso nos permite ir além dos textos normativos, para percorrer as bases institucionais da Polícia Judiciária, a sua história e os sistemas comparados, na busca pelas razões jurídicas que alimentam as normas de um sistema jurídico.

Os princípios de um Direito de Polícia Judiciária, assim, estão orientados a estabelecer soluções justas para as relações jurídicas que se estabelecem no âmbito da investigação criminal, segundo pressupostos socioculturais da Teoria do Estado Constitucional Democrático de Direito, que aqui assumimos a título de paradigma ético-político como padrão epistêmico.

PARTE I

POLÍCIA JUDICIÁRIA

> *La police judiciaire est en général une sorte d'instruction préparatoire qui précède l'instruction faite par le juge. Elle commence au moment où le délit se manifeste, elle finit au moment où le juge est saisi, où la justice procède elle-même. Sa mission consiste à signaler les crimes et les délits aussitôt qu'ils sont commis ou qu'ils se révèlent, à recevoir les dénonciations, à saisir sommairement, au cas où ils sont flagrants, les indices et les preuves de leur perpétration et à transmettre immédiatement à l'autorité judiciaire les actes de cette enquête préliminaire.*
>
> (M. Faustin Helie, *Traité de l'Instruction Criminelle*, t. III, De la Police Judiciaire, 1866, p. 7)

CAPÍTULO 1

A IDEIA GERAL DE POLÍCIA JUDICIÁRIA

A "ideia geral de Polícia Judiciária" – como o pretendia M. Faustin Helie – certamente não terá hoje o sentido que ele postulava no primeiro capítulo do tomo dedicado à *Police Judiciaire* de seu *Traité de l'Instruction Criminelle* (1866),[35] mas nos parece permanecer como uma questão que ainda tem algum sentido para a ciência jurídica contemporânea. Não se trata de estabelecer uma única forma de Polícia Judiciária, independente da diversidade cultural dos sistemas jurídicos, mas antes de saber o que faz as formas diversas de polícias, históricas ou positivas, serem assim designadas. Em outros termos, pode corresponder simplesmente a saber "o que é a Polícia Judiciária". Mas, se mantivermos aquela expressão do tratadista francês, é porque nos parece que, a considerar sua origem moderna francesa, embora tenha assumido variadas formas em sua expansão histórico-positiva, aquela doutrina ainda tem muito a nos dizer, não como última palavra, é certo, mas como ponto de partida para avançarmos na compreensão dessa instituição.

O objetivo desta primeira parte, portanto – ao trazer notícias sobre a Polícia Judiciária na história e no direito positivo nacional, passando por exemplos de modelos de alguns países em que se encontra a mesma instituição –, consiste essencialmente em estabelecer o significado da "Polícia Judiciária", tendo em conta sobretudo a dissociação constitucional brasileira de 1988 que pretende distingui-la da investigação criminal. Ao assim proceder, o direito nacional acaba por ignorar uma tradição histórica, implantando na ciência jurídica uma séria contradição que dificilmente permitirá uma interpretação coerente do sistema. Afinal, se fosse dissociada da investigação

---

[35] HELIE, M. F. *Traité de l'Instruction Criminelle*. t. III, De la police judiciaire, 1866, p. 4-9.

criminal, não restaria nas referências à Polícia Judiciária qualquer conteúdo razoável para justificar sua história e a positividade ainda persistente dessa instituição. Essa incompreensão decorre de uma confusão séria entre a instituição e sua função, bem como seus órgãos e seu procedimento.

É o que esperamos evidenciar ao final desta primeira parte, cuja digressão histórica e expansão geográfica talvez possa parecer ao mais apressado leitor uma retórica desnecessária, mas que lhe vai oferecer alguns elementos fundamentais à compreensão dessa instituição jurídica que tem seu espírito dependente de como compreendemos a garantia jurídica da jurisdição penal. Em suma, contudo, podemos dizer antecipadamente que *a Polícia Judiciária é uma instituição jurídica cuja função é precisamente a investigação criminal, que pressupõe órgãos e procedimento próprios ao cumprimento de sua ideia*. O que esta definição pressupõe, bem como o que dela decorre, pede-nos que façamos o percurso histórico que se segue, iniciando pela origem moderna francesa, passando por alguns exemplos de direito estrangeiro (Itália, Espanha e Portugal), até chegar na história e presente do direito brasileiro, após o que esperamos ter alguns elementos para desenvolver essa definição que preliminarmente apresentamos.

1.1 A polícia no *Ancien Régime* processual

1. O historiador Michel Vovelle, ao buscar estabelecer o conteúdo do *Ancien Régime*, que constituía a ordem anterior ao espírito da Revolução Francesa, elenca três significados que geralmente lhe são associados – feudalidade, sociedade de ordens e absolutismo[36] –, entre os quais à primeira vista nada parece se referir ao sistema penal, mas uma análise mais detida observará que esse sistema ocupava um lugar fundamental na engrenagem de funcionamento de toda uma ordem sociopolítica.[37] E nesse sistema ocupa um lugar igualmente relevante a organização do poder punitivo, no qual se encontra a instituição policial nas suas relações com os demais agentes do sistema penal.

Trata-se de um "subsistema penal de polícia"[38] que somente se torna compreensível no quadro geral do sistema do antigo regime,

---

[36] VOVELLE, M. *A Revolução Francesa*, 2007, p. 11 ss.
[37] ESMEIN, A. *Histoire de la procédure criminelle en France et spécialement le XIIIᵉ siècle jusque'a nos jours*, 1882, p. 348-388.
[38] FERRAJOLI, L. *Diritto e ragione*, 2008a, p. 795 ss., usa essa terminologia expressamente.

mas que nos permite falar de um *ancien régime* penal e processual, cuja melhor expressão parece se encontrar bem-consolidada na *Ordonnance* de 1670, chamado de *Code Louis*, em referência ao rei Luís XIV.[39]

2. Antes da *Ordonnance* de 1670, os atos preliminares do processo, que se poderiam assimilar a atos de Polícia Judiciária, competiam ao juiz ou à parte lesada. A respeito dessa fase, os tratadistas observam que não havia uniformidade, pois em certos lugares a parte lesada devia solicitar ao juiz uma delegação de poderes para proceder à *information*, ao passo que em outros isto não era necessário. À falta de uma parte lesada, o procurador do rei podia assumir essa mesma posição. E o próprio juiz podia proceder pessoalmente ou, mais comumente, delegar a oficiais subalternos, geralmente um sargento, ou a notários, que se dirigiam aos locais do crime para colher informações e ouvir testemunhas, podendo ainda ordenar arrestos. Em síntese, aquilo que se vai posteriormente instituir como uma função de Polícia Judiciária era atribuição do juiz que podia delegá-la a outros sujeitos – parte lesada, procurador do rei ou oficiais subalternos.[40] Nessa época, vigia um princípio absolutista de que todo juiz tinha poderes para proceder aos atos preliminares de *information*, ainda que o processo não fosse de sua competência, o que lhe permitia a prisão em flagrante em qualquer caso, embora devesse imediatamente avisar aos órgãos superiores.[41]

A *Ordonnance* de 1670, considerada expressão maior do poder absoluto da monarquia, aumentava o poder do juiz e do procurador do rei, diminuindo os poderes da parte civil. Entre as principais mudanças que impôs, estava a exigência de que o juiz procedesse diretamente nos atos preliminares, determinando que cessasse o uso de delegações das funções consideradas próprias do juízo. Estabelecia-se, em síntese, o princípio de que o juiz deveria proceder pessoalmente à *information*. Aquilo que virá a ser a Polícia Judiciária, portanto, tinha por agentes todos os juízes, não apenas os reais, mas também os

---

[39] ESMEIN, A. *Histoire de la procédure criminelle en France...*, 1882, p. 177 ss.
[40] Cf. TONINI, P. *Polizia Giudiziaria e Magistratura*, 1979, p. 10 ss.; HELIE, M. F. *Traité de l'Instruction Criminelle*, t. IV, Instruction Écrite, 1866, p. 24 ss.
[41] Cf. TONINI, P. *Polizia Giudiziaria e Magistratura*, 1979, p. 13 ss.; HELIE, M. F. *Traité de l'Instruction Criminelle*, t. IV, Instruction Écrite, 1866, p. 25 ss.

juízes dos senhores, além de oficiais inferiores aos quais se permitia proceder em caso de flagrante delito.[42]

No período que se segue à *Ordonnance*, até a legislação revolucionária, a organização do sistema de justiça penal se expande com a criação de uma grande diversidade de jurisdições especiais, que acumulavam e se confundiam com funções administrativas, embora mantivessem a competência penal sobretudo para proceder à *information*. Faustin Helie, a respeito dessa expansão administrativa no âmbito jurisdicional, arrola uma diversidade de autoridades, a exemplo de oficiais de contas, controladores de impostos, mestres de estradas, juízes de moedas, de águas e florestas, bem como, especialmente, o *lieutenant général de police*, competente para instruir sobre todos os fatos relativos à ordem pública, reuniões ilícitas, venda de livros proibidos, jogos vedados, entre outras hipóteses de ilícitos.[43]

3. O *lieutenant général de police* é considerado o mais antigo antecedente da polícia administrativa, criado pela monarquia e por ela remunerado, à diferença dos outros ofícios judiciais, sendo, portanto, considerado um serviço dependente do rei, subordinado hierarquicamente ao Secretário de Estado, ministro da *Maison du Roi*, que se tornará o futuro Ministro de Interior na época da Revolução.

O principal instrumento do *lieutenant* eram as *letters de cachet*, pelas quais se podiam ordenar arrestos e exílios, o que se dava muito frequentemente de forma arbitrária para fins de vingança política.

É importante observar que o termo *police* que lhe é associado, naquela época, abrangia toda a atividade interna do Estado, excluídas apenas as finanças e a justiça, mas o *lieutenant* acumulava funções administrativas e judiciais. Como juiz, conhece dos casos simples de polícia, acerca dos quais podia condenar e remeter ao cárcere, tendo ainda algumas competências sobre alguns crimes e delitos, embora nestes casos devesse ser assistido por um juiz que emitia a sentença. Como administrador, tinha por competência a garantia da ordem pública. E, apesar da confusão entre funções, é considerada uma das primeiras tentativas de distinguir entre poderes de polícia e poderes de justiça, conforme se podia ler no *Édito de 1667*, que o instituía.[44]

---

[42] Cf. TONINI, P. *Polizia Giudiziaria e Magistratura*, 1979, p. 15 ss.; HELIE, M. F. *Traité de l'Instruction Criminelle*, t. IV, Instruction Écrite, 1866, p. 27 ss.

[43] Cf. HELIE, M. F. *Traité de l'Instruction Criminelle*, t III, De la police judiciaire, 1866, p. 20 ss.; TONINI, P. *Polizia Giudiziaria e Magistratura*, 1979, p. 15 ss.

[44] Cf. TONINI, P. *Polizia Giudiziaria e Magistratura*, 1979, p. 19 ss.

1.2 A Polícia Judiciária na legislação pós-revolucionária

A Revolução Francesa, assim como outras grandes revoluções, constitui mais tentativas de mudança que mudanças reais; algumas, é certo, frustradas, outras destinadas a permanecerem vivas ainda que não concretizadas em sua realidade.[45] E este parece ser o caso da revolução processual penal, que se pretendia no interior da Revolução Francesa, especificamente no que se refere à instituição da Polícia Judiciária, a considerar que o *Code d'Instruction Criminelle* (CIC) de 1808, como o veremos, ao final acaba por reincorporar os elementos do *Ancien Régime* à primeira fase do processo.[46]

Nos anos que precedem a Revolução, as ideias processuais inglesas circulam no país e serão em grande medida bases para uma série de reformas que apenas têm fim com o CIC. O processo penal que se segue à Revolução Francesa é, portanto, marcado por tentativas de inserir elementos acusatórios na investigação, embora ainda muito permaneça do Antigo Regime.[47] Mas é no curso dessa legislação pós-revolucionária que vai surgir claramente a ideia de uma específica Polícia Judiciária como necessidade que se impunha a partir do princípio da separação do poder, cuja força revolucionária sempre voltava à cena do palco conturbado das ideias conflitantes.

Afinal, o que chamamos de legislação pós-revolucionária não constitui uma unidade, tendo em conta as contradições internas da própria Revolução Francesa, que se desdobra em sub-revoluções sucessivas, inicialmente orientada por uma monarquia limitada, ao que se segue uma democracia totalitária, vindo depois as fases dominadas pelo Diretório e por fim pelo Consulado.[48] A compreensão das mudanças em cada fase dessas somente é possível se atentarmos para as relações íntimas entre regime político e sistema penal, o que se vai refletir na estrutura do processo penal. O breve período de pouco mais de 10 anos nos permite observar as oscilações da proeminência

---

[45] Cf. PARKER, N. *As Revoluções e a História*: ensaio interpretativo, 2001, p. 13 ss.
[46] Cf. ESMEIN, A. *Histoire de la procédure criminelle en France...*, 1882, p. 532 ss.
[47] Cf. AMODIO, E. *processo penale, diritto europeo e common law*: dal rito inquisitório al giusto processo, 2003, p. 3 ss.
[48] Essa é a divisão que seguiremos com base em TONINI, *Polizia Giudiziaria e Magistratura*, 1979, embora VOVELLE, *A Revolução Francesa*, 2007, considere as seguintes fases: da Assembleia Constituinte (1789-1791); da Assembleia Legislativa (1791-1792); da Convenção (1792-1795), dividido por contradições entre a República Jacobina e a República Termidoriana, e do Diretório (1795-1799), pondo-se o Consulado, portanto, fora da Revolução: "Com este golpe de Estado sem grandeza conclui-se a história da Revolução Francesa. Começa então a aventura napoleônica".

entre poder legislativo e executivo, bem como das relações entre magistratura e Polícia Judiciária, nesse pêndulo constante que melhor se compreende como oscilações entre concentração e divisão de poder.

1.2.1 A fase da monarquia limitada (1789-1792)

1. O período de monarquia limitada na Revolução Francesa compreende a fase da Assembleia Constituinte (1789-1791) e da Assembleia Legislativa (1791-1792), que promulga a Constituição de 1791, tendo por termo final a queda da monarquia, com início do período dominado pela Convenção.[49] Esse período é marcado especialmente pela limitação do poder do rei, sob os fundamentos do princípio da separação do poder, o que se vai estabelecer nos diversos elementos da organização administrativa, judiciária e militar, mas sempre temperado pelo princípio da soberania popular que vem reafirmado a título de limitação do poder judiciário, porque "delegado a juízes eleitos pelo povo" (art. 4º, Tít. III, da Constituição de 1791).

As grandes mudanças que se fazem no sistema penal, decorrentes da inspiração processual inglesa, são observadas nos *délitis de sûreté*, atribuídos à competência de um *tribunal criminel*, cuja primeira fase de instrução ficava a cargo de um juiz de paz, a quem se atribuía uma função de Polícia Judiciária relativamente aos crimes mais graves que interessavam à segurança do Estado.

Em síntese, competia-lhe os primeiros atos de instrução, entre os quais se ouviam testemunhas. Podia, ainda, emitir mandato de arresto, transmitindo o processo ao diretor do júri, cabendo a este interrogar o imputado e convocar o júri de acusação, que decidia sobre a culpa, embora a pena fosse aplicada pelo tribunal criminal, composto por três juízes. Perante esse tribunal, o Ministério Público era exercido por um comissário do rei e um acusador público. Este era um órgão eletivo, que apenas atuava após a aceitação de acusação pelo júri.

O juiz de paz era eleito por assembleia do distrito, na qual se escolhiam também o presidente do tribunal e o acusador público, bem como o administrador local e o corpo legislativo, resultando assim o poder judiciário dependente do corpo administrativo local e do poder legislativo.

---

[49] VOVELLE, M. *A Revolução Francesa*, 2007, p. 35 ss.; TONINI, P. *Polizia Giudiziaria e Magistratura*, 1979, p. 24 ss.

2. A Polícia Judiciária, nesse período, não aparece como função distinta da polícia administrativa. Nos tipos de delito de polícia municipal e correcional, a justiça penal era integralmente exercida pelo corpo administrativo, formado sob uma base eletiva. E nos *délitis de sûreté*, exercia-se o poder de polícia em geral e judiciária pelo juiz de paz, que tinha também funções judiciais civis e penais. Observou-se que esse juiz de paz, porque órgão eleito, assegurava uma certa liberdade ao cidadão, mas resultou ineficaz ao fim de prevenir e reprimir a criminalidade, o que implicou posteriormente a atribuição de funções processuais aos *commissaires de police* e à *gedarmerie nationale*.[50]

Os comissários eram ainda órgãos eletivos decorrentes das assembleias municipais, responsáveis pelos delitos de polícia e correcionais, vindo a assumir a competência de instrução preliminar do juiz de paz. A Gendarmaria, por sua vez, era órgão militar, que tinha por função primordial a polícia de exército, mas que acabou assumindo funções de *police de sûreté*, embora sob objeções sérias à época. Acabou prevalecendo que a Gendarmaria atuaria somente nos lugares onde houvesse apenas um juiz de paz, geralmente áreas campesinas, ficando limitada à requisição de algum juiz de paz nos demais lugares. Em síntese, contudo, a função de polícia vinha dividida entre juízes de paz e oficiais militares, embora em alguns crimes – como furto, falsidade e falência – a função estivesse limitada à competência do júri.

Como *police de sûreté*, a autoridade competente poderia proceder aos atos preliminares, receber a querela, emitir mandado de comparecimento, ouvir testemunhas e o imputado, bem como ordenar atos no local do crime, embora apenas o juiz de paz tivesse esses poderes em sua totalidade. O certo é que, nessa condição, ele acumulava funções de investigação, acusação e instrução.[51] Em suma, ainda não se pode distinguir muito claramente a função de Polícia Judiciária, que deverá esperar ainda alguns anos para que seja aprofundada a ideia de sua especificidade.

Apesar da nítida confusão entre polícia e magistratura, e talvez até mesmo em razão disso, o acusador público não podia dar qualquer ordem à polícia nem podia suprir sua deficiência, mas exercia sobre

---

[50] TONINI, P. *Polizia Giudiziaria e Magistratura*, 1979, p. 32 ss.
[51] Nesse sentido, cf. TONINI, P. *Polizia Giudiziaria e Magistratura*, 1979, p. 35.

ela um poder de vigilância, que acabava por abranger também a atividade do juiz de paz.

3. É nesse contexto que se institui o princípio processual segundo o qual os atos da *police de sûreté* se limitavam à função de submeter o imputado ao juízo de acusação do júri, devendo a decisão final resultar de atos realizados em audiência oral sob contraditório.[52]

Observou-se a esse respeito que, se na prática os atos do juiz de paz se assemelhavam aos atos do antigo juiz inquisidor e se a função de *police de sûreté* se assemelhava à antiga *information* do *Ancien Régime*, o seu efeito processual vinha seriamente modificado. Mas esse princípio geral acabava por reger apenas a prova testemunhal, porque quanto ao mais subsistia a regra de apresentar tudo que constituía prova do corpo de delito. Em síntese, os princípios de oralidade e da imediação não atuavam em sua forma máxima no processo penal.[53]

1.2.2 A fase da democracia totalitária (1792-1795)

1. A democracia totalitária corresponde àquele período dominado pela Convenção, que funda a Primeira República Francesa e cria diversos comitês, entre os quais o Comitê de Segurança Geral para conter as revoltas internas, e estabelece um Tribunal Revolucionário para julgar e condenar traidores, abrangendo o Período do Terror.[54] É um período marcado pela ênfase no princípio da soberania popular (Rousseau), com perda da força do princípio da separação dos poderes (Montesquieu).

A maior concentração de poder estará no Legislativo, corporificado na Convenção, que tinha sob sua organização um Conselho Executivo eleito pela Assembleia. Tudo mais se constituía em formas de delegação de poderes e descentralização administrativa local.

A relação entre poder político e ordenamento judiciário, nesse contexto, torna-se problemática, tendo por primeiro ato a ordem de novas eleições para todos os cargos de juízes, aos quais se podia candidatar qualquer cidadão, embora no Ano III da Convenção encontrem-se juízes designados mesmo sem eleições. Quanto ao Ministério Público, as funções antes distribuídas entre acusador público

---

[52] Trata-se de disposição normativa de Decreto de 29 de setembro de 1791.
[53] Cf. TONINI, P. *Polizia Giudiziaria e Magistratura*, 1979, p. 40 ss.
[54] Cf. VOVELLE, M. *A Revolução Francesa*, 2007, p. 40-52.

e comissário do rei são unificadas. Ele agora será tanto parte acusador, quanto fiscal da lei, tendo ainda uma expressiva expansão de poder, pois lhe é permitido atuar diretamente na instrução preliminar. O maior impacto do espírito totalitário virá encarnado no processo do *Tribunal Revolutionaire* (criado em 17 de agosto de 1792), que será sucedido pelo *Tribunal Criminel extraordinaire* (criado em 10 de março de 1793), cuja competência era a punição dos "inimigos do povo". É nesse contexto que o acusador público, funcionando como agente da Convenção, terá autorização para atuar diante de qualquer notícia de crime por qualquer cidadão, podendo inclusive perseguir e deter o imputado nessas circunstâncias. Esse procedimento virá depois estendido aos demais tribunais criminais para alguns diversos tipos de crime. E nessas situações, o acusador público já estava autorizado a emitir mandado de prisão.[55]

2. A função de Polícia Judiciária, nesse contexto, assume uma nova configuração, pois por um decreto de 11 de agosto de 1792, atribuía-se a toda administração local poderes de polícia (*police de sûreté générale*), pelos quais se permitia a busca do imputado de crime contra a segurança interna e externa do Estado. Trata-se de uma aparente descentralização decorrente da falta de organização estatal, que visava a privilegiar a eficiência do controle da criminalidade, mas que resultou em grande prejuízo à liberdade dos cidadãos, pois deixavam de ter qualquer garantia processual. Essa mesma função geral de polícia foi atribuída à sociedade popular e a comitês revolucionários locais, que deveriam reportar ao *Comité de sûreté générale*. Um maior esforço organizativo veio no Período do Terror, durante o qual se buscou centralizar a atividade de polícia no *Comité de sûreté générale*, que ficaria responsável pelos mandados de prisão.

Dessa situação resultava que toda função de Polícia Judiciária era subtraída do poder judiciário e atribuída cada vez mais a órgãos sempre dependentes da administração central, chegando ao ponto de o juiz de paz estar obrigado a transmitir os atos preliminares do processo a um órgão indicado pela Convenção. Prevalece, portanto, a função administrativa de polícia em detrimento de uma função de tipo judiciário, o que resulta difícil especificar qualquer relação entre Polícia Judiciária e magistratura nesse período. A confusão entre política

---

[55] TONINI, P. *Polizia Giudiziaria e Magistratura*, 1979, p. 49 ss.

e justiça, bem como entre administração e jurisdição, em síntese, decorria da falta de separação entre as funções processuais penais.[56]

1.2.3 A fase do Diretório (1795-1799)

1. O Diretório corresponde ao período de regime instaurado por republicanos moderados que cobre quase metade da Revolução Francesa. É caracterizado pela atenuação do princípio da soberania popular e tentativa de retomada do princípio da separação dos poderes, com limitação especialmente do poder legislativo, embora na prática tenha encontrado algumas exceções. Entre essas, encontra-se não haver sido assegurada ao poder judiciário uma verdadeira autonomia, pois persistia sendo constituído eletivamente e exercendo sua função condicionada pelo poder político.[57]

Entende-se, nesse sentido, por que a Constituição do Ano III (1795) havia retomado o princípio da duplicidade de órgão do Ministério Público, restituindo a um comissário executivo as antigas funções do comissário do rei, mas o mantendo sob dependência do Diretório. Mas os tribunais de polícia municipal, exercidos por um juiz de paz e dois assessores, passaram a ter alguma autonomia relativamente à administração local.

2. Quanto ao regime processual penal perante o *Tribunal Criminel*, há uma tentativa de retorno aos princípios das primeiras leis revolucionárias de 1971, com o *Code des délits et des peines du 3 Brumario, Ano IV (25 octobre 1795)*.

Algumas mudanças pontuais, contudo, se observam em relação ao diretor do júri, que passaria a exercer a instrução preliminar de alguns crimes (ex. crimes fiscais e econômicos), retirada do juiz de paz. Mas a mudança mais pontual que se observa diz respeito à Polícia Judiciária, que tem seu momento fundador histórico mais expressivo.[58] Pela primeira vez, vem afirmada uma distinção entre Polícia Administrativa e Polícia Judiciária, nos seguintes termos do *Code*: "Artigo 19. A polícia administrativa tem por objeto a manutenção habitual da ordem pública em cada local e em cada parte da administração geral. Seu objetivo principal é prevenir os delitos; Artigo 20.

---

[56] TONINI, P. *Polizia Giudiziaria e Magistratura*, 1979, p. 53 ss.
[57] Cf. VOVELLE, M. *A Revolução Francesa*, 2007, p. 56 ss.; TONINI, P. *Polizia Giudiziaria e Magistratura*, 1979, p. 55 ss.
[58] TONINI, P. *Polizia Giudiziaria e Magistratura*, 1979, p. 58 ss.

A polícia judiciária investiga os delitos que a polícia administrativa não conseguiu impedir de cometer, reúne provas e entrega os autores aos tribunais encarregados de puni-los" (tradução nossa).⁵⁹

Essa distinção teve como causa a experiência observada no Período do Terror, durante o qual o fato de ser considerado *suspeito* constituía crime e razão suficiente para conduzir o cidadão com limitação de sua liberdade pela polícia.⁶⁰

Quanto à polícia administrativa, o Diretório instrumentalizou essa exigência com a centralização do poder de polícia, criando um *Ministère de Police Générale* (lei de 2 de janeiro de 1796), ao qual se atribuíram as funções de execução da lei relativa à segurança e tranquilidade; direção da polícia nacional; direção das prisões; e repressão da vagabundagem e mendicância.

Quanto à Polícia Judiciária, o próprio *Code des délits et des peines* havia detalhado todos agentes que podiam exercer essa função, acrescendo ao elenco, além de oficiais de polícia, comissários de polícia florestal e rural. Ademais, permitia-se a *gendarmerie* ser encarregada da função apenas pelo diretor do júri, nos locais onde não havia mais de um juiz de paz, podendo, contudo, em caso de flagrante, proceder imediatamente e apresentar ao juiz.

3. O mais importante a observar é que qualquer oficial de Polícia Judiciária – entre os quais se encontrava também o juiz de paz, quando agia nessa condição – estaria sob vigilância direta do diretor do júri. Embora essa subordinação da Polícia Judiciária ao poder judiciário representasse uma autonomia relativamente ao poder executivo, representava noutro sentido uma grande concentração de poder processual na figura do diretor do júri, pois este acumulava ainda outras funções de acusação e instrução, repetindo nesse ponto a organização judiciária do *Ancien Régime*. Paralelamente, contudo, atribui-se a vigilância geral da Polícia Judiciária ao órgão de acusação pública, gerando uma situação peculiar – porque nessa condição, a considerar que também o diretor do júri vinha qualificado como oficial de Polícia Judiciária, o acusador público tinha sob sua vigilância geral

---

[59] Cf. o site Le Droit Criminel: Droit pénal, Procédure pénale (<https://ledroitcriminel.fr>): Art. 19. "La *police administrative* a pour objet le maintien habituel de l'ordre public dans chaque lieu et dans chaque partie de l'administration générale. Elle tend principalement à prévenir les délits"; Art. 20: "La *police judiciaire* recherche les délits que la police administrative n'a pu empêcher de commettre, en rassemble les preuves, et en livre les auteurs aux tribunaux chargés par la loi de les punir".

[60] TONINI, P. *Polizia Giudiziaria e magistratura*, 1979, p. 60 ss.

o poder judiciário, numa tentativa de conciliar a soberania popular com a separação dos poderes, embora ao custo de uma verdadeira concentração de poder na figura última do acusador.[61] O sistema processual que assim se estruturou, entre várias objeções que lhe faz a doutrina, é criticado essencialmente por não funcionar, em razão da inércia de seus diversos órgãos, e em especial pela falta de uniformidade da ação da Polícia Judiciária. Os historiadores dessa época enfatizam que o resultado disso tudo foi a falta de resposta efetiva à criminalidade, criando oportunidade para o poder executivo valer-se da estrutura da polícia administrativa para ocupar esses espaços de ineficiência, bem como pela força militar, visando a controlar a criminalidade.[62]

1.2.4 A fase do Consulado (1799-1804)

1. O período do Consulado que se segue é considerado um golpe de Estado (18 de Brumário do Ano VIII – 9 de novembro de 1799) que não encontra muito resistência, em razão da anarquia generalizada em que se encontrava o país com os conflitos entre extremistas de esquerda e extremistas de direita. Constrói-se, assim, sobre um terreno fértil para a expansão de um regime político forte, que se vai estender ao sistema processual penal. Como observa o historiador Michel Vovelle: "Com este golpe de Estado sem grandeza conclui-se a história da revolução. Começa então a aventura napoleônica".[63] Em termos pontuais, o poder executivo se fortalece, nas mãos do primeiro-cônsul, em detrimento do poder legislativo, devido a sua incapacidade para governar. O princípio da soberania popular perde força, sem que em compensação se fortaleça o princípio da separação dos poderes, a considerar a concentração de poder no primeiro-cônsul, que terá competência para designar prefeitos de administrações locais. E procedimento similar se vai observar na composição do sistema judiciário.

A partir de uma "lista de confiança" da circunscrição ou do departamento, segundo o ofício de destinação, cabia ao primeiro-cônsul escolher o juiz e nomeá-lo, embora essa nova regra não valesse para juízes de paz e juízes de cassação, que continuavam sendo

---

[61] Cf. TONINI, P. *Polizia Giudiziaria e magistratura*, 1979, p. 61-62.
[62] ESMEIN, A. *Histoire de la procédure criminelle en France...*, 1882, p. 439-450; TONINI, P. *Polizia Giudiziaria e magistratura*, 1979, p. 66 ss.
[63] VOVELLE, M. *A Revolução Francesa*, 2007, p. 65.

escolhidos pelo sistema anterior eletivo. Paralelamente, a função de acusador público junto ao tribunal criminal passa a ser exercida por um comissário do governo. Entendia-se que sua função concernia ao poder executivo, que o delegava a seus agentes. O novo princípio viera afirmado pela Lei 7 de Pluvioso do Ano IX (27 de janeiro de 1801), pelo qual o Ministério Público, além de ser responsável pela acusação, passava a assumir o poder de investigação.[64]

O objetivo principal do governo era inserir o Ministério Público no coração da instrução, visando a assegurar à acusação uma função ativa no processo, utilizando-se da distinção entre ação e julgamento. Mas ao fim de exercer essas funções, foi criada uma figura nova, o substituto do comissário do governo, que chegou a ser chamado de *magistrat de sûreté*, que podia receber notícias de crime e até emitir *madat de dépôt*, pelo qual o imputado era conduzido ao cárcere, embora devesse informar a respeito ao diretor do júri em 24 horas. Na prática, observou-se pela doutrina que o Ministério Público, assumindo poderes de investigação, acabou produzindo sua própria instrução com poderes de acusação e de verdadeiro juiz. Em suma, ele aumentava seus poderes, sob a argumentação de distinguir entre as funções de acusar e de julgar, mas ao final apenas reconstruía o mesmo esquema do sistema inquisitório – a concentração de funções.[65]

2. A polícia administrativa, nesse contexto, é ampliada e reorganizada como instrumento de dominação do país por Napoleão através do Ministério de *Police Generale*. Nas cidades com mais de 100 mil habitantes, constituíram-se comissários gerais de polícia, subordinados ao prefeito, mas dependentes diretamente do Ministério, o que na prática representava uma direta atuação do poder central no governo local, mediante a disposição de *commissaires de police*, *gendarmerie* e guarda nacional. E, nessa condição, constituía-se como polícia de dupla função: era polícia de segurança e política, conjuntamente, além de Polícia Judiciária, que terá seu poder aumentado de forma surpreendente. Entre os agentes que exerciam essa função de Polícia Judiciária, encontravam-se o juiz de paz, os oficiais de *gendarmerie* e os *comnissaires de police*. Com exceção do juiz de paz, a Polícia Judiciária nesse contexto dependia essencialmente do poder executivo.[66] Mas a

---

[64] TONINI, P. *Polizia Giudiziaria e Magistratura*, 1979, p. 74 ss.
[65] Cf. a respeito, especialmente, TONINI, P. *Polizia Giudiziaria e Magistratura*, 1979, p. 75-77.
[66] TONINI, P. *Polizia Giudiziaria e Magistratura*, 1979, p. 77 ss.

gendarmerie é em grande parte assemelhada ao juiz de paz, quase se tornando indistinguíveis suas funções.

Considerando que todos os oficiais de Polícia Judiciária tinham o dever de "denunciar" o crime ao substituto do *comissaire de police*, redigindo o processo verbal, cabia ao substituo proceder com inspeções e interrogatório de testemunhas, podendo inclusive emitir *mandat de dépôt*, assumindo, portanto, os poderes que antes se atribuíam ao juiz de paz. Instituía-se, assim, entre os atos de Polícia Judiciária e a instrução do diretor do júri, uma fase de investigação do substituto.

É nesse contexto expansivo de poder que vai surgir o *Code d'Instruction Criminelle*, de 1808, que resgata elementos do antigo regime processual.

1.3 A Polícia Judiciária no *Code d'Instruction Criminelle*, de 1808

1. O sistema do *Code d'Instruction Criminelle* (CIC), de 1808, se instala como um mecanismo do Império, cujo regime autoritário se vai observar na organização da administração da justiça, que terá no Ministro da Justiça a atribuição de *grand-juge* com poderes de vigilância sobre todos os tribunais, podendo inclusive suspender o juiz de suas funções, na posição de presidente do Tribunal de Cassação, que vinha composto por pessoas apresentadas pelo primeiro-cônsul. O judiciário subsistia apenas formalmente independente, mas materialmente submetido ao controle do poder executivo.[67]

O Ministro da Justiça tinha também à sua disposição o Procurador-Geral, a quem podia determinar o exercício da ação penal que, no entanto, se transmitia aos procuradores imperiais que, por sua vez, ordenavam aos comissários de polícia o seu efetivo exercício. Mas não se podia exercer esse poder senão por via hierárquica, proibida a avocação da atribuição de um grau inferior por um órgão de grau superior, embora subsistisse a possibilidade de o Ministro solicitar um procedimento disciplinar. Ademais, o poder de iniciar a ação penal decorria diretamente da lei, podendo exercer-se independentemente de qualquer ordem superior. Na prática, observou-se que o Ministério Público acabava por ser um órgão de intermediação entre poder judiciário e executivo, evitando que esse assumisse diretamente a

---

[67] TONINI, P. *Polizia Giudiziaria e Magistratura*, 1979, p. 83 ss.

função ativa no processo penal; mas o Ministro subsistia politicamente responsável pela ação do Ministério Público.[68]

2. O CIC de 1808, conquanto tenha mantido a Polícia Judiciária, tendo distinguido entre as fases de Polícia Judiciária e instrução, bem como entre essa e acusação, coloca a PJ sob a dependência funcional do Ministério Público. É a representação do caráter totalitário do regime político napoleônico que se transmite ao sistema processual sob uma divisão meramente formal do poder. O CIC, na fase preliminar do processo, era em síntese um retorno ao Antigo Regime processual da *Ordonnance* de 1670.[69]

As funções de Polícia Judiciária e de acusação vêm concentradas nas mãos do procurador, excluindo o direito de defesa na fase de instrução. E embora o juiz pudesse investigar e assumir de ofício a prova, sua instrução somente se iniciava e terminava a pedido do Ministério Público.[70] Nesse sistema, toda a matéria do juiz instrutor vinha referida como questão de Polícia Judiciária. E o próprio Ministério Público se assume como uma agente de Polícia Judiciária, entre os quais também se vai encontrar o juiz de instrução e outros.

A Polícia Judiciária é considerada no CIC uma função essencial ao exercício da justiça. Todo o Livro 1 do CIC contém disposições sobre quem a exerce e como se desenvolvem os atos necessários ao exercício da justiça que se encontram disciplinados no Livro 2. Admite-se, nesse sentido, que a função do Estado de fazer justiça exige operações de ordem administrativa e de ordem jurisdicional. A Polícia Judiciária se exerce por vários agentes, entre os quais, como oficiais superiores, se encontram o procurador da República e o juiz de instrução, auxiliados por outros oficiais. Entre os oficiais auxiliares do procurador da República, encontram-se juízes de paz e comissários de polícia. O procurador da República, portanto, reúne no sistema processual, as qualidades de oficial de Polícia Judiciária e de membro do Ministério Público, assim como o juiz de instrutor, além de magistrado de instrução, é também oficial de Polícia Judiciária.[71]

A instrução preparatória está marcada por três caracteres. *1º) A instrução é não contraditória*. Desenvolve-se segundo um jogo de força entre um magistrado e o acusado. Enquanto o Ministério Público

---

[68] TONINI, P. *Polizia Giudiziaria e Magistratura*, 1979, p. 86 ss.
[69] ESMEIN, A. *Histoire de la procédure criminelle em France...*, 1969, p. 532.
[70] TONINI, P. *Polizia Giudiziaria e Magistratura*, 1979, p. 89 ss.
[71] GARRAUD, R. *Compêndio de direito criminal*, 1915, p. 176-224 ss.

pode a todo momento tomar conhecimento das peças do processo, o acusado se encontra afastado. O único direito que tinha era fornecer à câmara de acusação seus memoriais sobre acusações que ignorava; 2º) *A instrução é secreta*. Toda ela se desenvolve no gabinete do magistrado instrutor com seu escrivão; 3º) *A instrução é escrita*. E é sobre esse processo escrito que se decide a instrução. A instrução preparatória se desenvolve por dois magistrados, o procurador da República que requer e o juiz de instrução que ordena as medidas necessárias à descoberta da verdade. O juiz de instrução não deve começar nem terminar a instrução sem requerimento escrito do procurador da República. Nesse sentido é que se fala de separação de poderes de instrução e de investigação entre magistrados no sistema do CIC. Diz-se que, nessa posição, o juiz de instrução era um oficial de Polícia Judiciária, que ficava limitado a instruir *in rem*, nunca *in persona*. O procurador da República tem o direito de fiscalizar a instrução, requerendo a comunicação do *dossier*, para fazer requisições, embora o juiz pudesse repeli-las, sem prejuízo de sofrer também oposição pelo procurador.[72]

Os atos principais da instrução são a procura das infrações e seu autor. Entre os meios de investigação e de provas encontram-se a inspeção pessoal do juiz por visita a lugares, domicílio e apreensões necessárias, bem como a oitiva de testemunhas e interrogatório do investigado, além de exames. Todos se fazem sem contraditório. E a oitiva das testemunhas, que é a atividade fundamental, ao que se chama de "informação", faz-se secretamente. Essas atividades, contudo, se realizavam efetivamente por delegação (obrigatória) a oficiais de Polícia Judiciária sempre que se deviam realizar em distrito distinto de onde não se encontrava o juiz ou procurador, sendo possíveis (facultativa) mesmo nos distritos onde se encontrassem.[73]

3. O CIC é a suma de uma longa e tormentosa legislação pós-revolucionária que, no que concerne à Polícia Judiciária, vê uma crescente separação entre suas funções e as de instrução, retirando-a do âmbito do juiz (*Ancien Régime*) para situá-la no âmbito de uma parte processual – o Ministério Público, mas, em detrimento da perda de sua relação com um órgão estritamente judiciário (como se observa na primeira fase da Revolução), para anexar-se a uma estrutura administrativa. Noutro ponto, contudo, vê-se a Polícia

---

[72] GARRAUD, R. *Compêndio de direito criminal*, 1915, p. 242 ss.
[73] GARRAUD, R. *Compêndio de direito criminal*, 1915, p. 275-288 ss.

Judiciária se distinguir mais seriamente da polícia administrativa (como se observa na fase do Diretório, que a reconhece como órgão prevalentemente judiciário), embora ao final venha limitada a uma função especializada de órgão administrativo. E é desse contexto que Faustin Helie extrai sua ideia geral de Polícia Judiciária.

1.4 "Idée générale de la policie judiciaire", segundo M. Faustin Helie (1866)

A "ideia geral de Polícia Judiciária" que M. Faustin Helie nos traz pressupõe, portanto, a história francesa e a disciplina normativa do CIC, a partir do qual precisamos ter em conta questões outras. É, sobretudo, não uma ideia geral, para todos os tempos e espaços jurídicos, mas uma ideia francesa, a partir da qual segue sua história. Mas esse é o modelo que se vai reproduzir essencialmente por grandes codificações do século XIX e, com algumas variações, chega até os séculos XX e XXI. É nela que encontramos a fundação do ideal persistente de uma tendencial divisão de funções que não se realiza plenamente, assim como outros ideais não realizados da Revolução Francesa.[74]

Nesse contexto, a Polícia Judiciária é ainda uma atividade, uma função essencial à justiça, sem um órgão específico da estrutura do Estado como o vamos encontrar no Brasil. Ela se encontra, ainda, distribuída entre diversos órgãos que não são originariamente polícias judiciárias, mas polícias administrativas ou até mesmo juízes e procuradores. Mas já nessa fase ela se identifica com uma fase específica do processo penal, à época considerada uma forma de instrução preliminar correspondente ao que atualmente chamamos de investigação preliminar.

Daí o conceito inicial com que o autor a define: "A Polícia Judiciária é, em geral, um tipo de instrução preparatória que precede a instrução feita pelo juiz".[75] Ela se compreende, nesse sentido, como uma atividade delimitada temporalmente, que começa quando o crime ocorre e termina com a propositura da ação. E disso resulta sua missão (função) que consiste em "relatar crimes e delitos, logo que são cometidos, em receber denúncias, em pegar sumariamente, em caso de flagrante, os indícios e as provas de sua perpetração e

---

[74] Cf. PARKER, N. *As Revoluções e a História*: ensaio interpretativo, 2001.
[75] HELIE, M. F. *Traite de l'instruction criminelle*, Tome III, 1866, p. 5 ss. (tradução nossa).

em transmitir imediatamente à autoridade judiciária os atos desse inquérito preliminar".

Faustin Helie considera que, dessa sua definição (delimitação e missão), é possível extrair as características com as quais podemos pensar os princípios que devem dominar a organização da Polícia Judiciária. Inicialmente, por um lado, a Polícia Judiciária prepara a ação do juiz, pois, ao precedê-lo, facilita a instrução, sendo, portanto, uma atividade provisória que pesquisa, constata, pergunta, mas não aprecia nem age. De outra parte, embora não participe da ação judiciária propriamente dita, a Polícia Judiciária emana da Justiça, pois recebe uma delegação temporária, agindo em seu nome e no seu interesse.[76]

A ideia de Polícia Judiciária, nesse sentido, exige princípios que devem orientar a sua organização. Ela precisa ser investida dos meios necessários à realização de sua missão, mas, em razão dos direitos que ela pode ofender, suas ações devem ser cercadas de formas tutelares que a aproxime o máximo possível das formas judiciárias. É o que conclui Faustin Helie. Nessa sua concepção, "é necessário que ela seja investida de um certo poder e que ela possa empregar alguns meios de verificação e de ação que pertencem, em geral, ao poder judiciário", mas sempre como atividade preparatória do processo judiciário, e enquanto pendente sua intervenção. Contudo, precisamente por isso, "ela deve apresentar em seus atos algumas garantias judiciárias". Nesse ponto, o autor exige pontualmente condições especiais aos seus membros, bem como que suas competências sejam regulamentadas com atribuições muito bem definidas. E, em especial, que os efeitos de seus atos e sua influência nas decisões da justiça sejam medidos "segundo a natureza dos fatos e a autoridade da qual os agentes são investidos".[77]

Essa concepção de Faustin Helie representa a síntese de uma instituição cuja fundação moderna pertence à história francesa, mas que se vai expandir por diversos sistemas jurídicos de forma persistente. Embora não se possa considerar conclusiva acerca da ideia geral de Polícia Judiciária, constitui sem dúvida o ponto de partida, com base no qual podemos seguir conscientes das razões históricas que a justificam e persistem nas diversas expressões atuais do direito positivo contemporâneo.

---

[76] HELIE, M. F. *Traite de l'instruction criminelle*, Tome III, 1866, p. 7 ss.
[77] HELIE, M. F. *Traite de l'instruction criminelle*, Tome III, 1866, p. 8 (tradução nossa).

CAPÍTULO 2

A POLÍCIA JUDICIÁRIA NO DIREITO COMPARADO

A partir da ideia geral de Polícia Judiciária que o direito ocidental herdou da cultura jurídica francesa, podemos observar que essa instituição se expande e desenvolve em vários outros países, sobretudo entre os países da Europa latina (Itália, Espanha e Portugal), tendo em todos eles uma relação indissociável com a função de investigação criminal, no quadro das funções repressivas do Estado. Embora possamos encontrar diversas configurações em sua organização e procedimento, podemos congregar todos os modelos sob a atividade fundamental que lhe é atribuída como função – a investigação criminal. Este é o objetivo do capítulo, cujas referências positivas à legislação estrangeira devem ser consideradas a título histórico, tendo em conta, portanto, que podem ter sofrido atualizações posteriores às referências bibliográficas e fontes consultadas. O que subsiste, no entanto, é a persistência da ideia geral da Polícia Judiciária em torno da uma função principal.

2.1 A *Police Judiciaire* na França

1. O *Code de Procedure Penale* (CPP) francês, de 1958, parte de uma distinção entre órgãos de polícia e órgãos de justiça, seguindo com a distinção entre polícia administrativa e Polícia Judiciária, esta última considerada também como um órgão encarregado da política criminal, mas exercida sob direção do procurador da República. Mas enquanto o CIC, de 1808, atribuía a função de Polícia Judiciária a vários órgãos, entre os quais se encontrava até o juiz de instrução,

que acabava por ficar sob supervisão do Procurador, o *Code* de 1958 não repete essa disposição.

O art. 15 do *Code* (modificado pela lei de 28 de julho de 1978) dispõe que a Polícia Judiciária compreende: i) os oficiais de Polícia Judiciária (OPJ); ii) os agentes de Polícia Judiciária e os agentes adjuntos; iii) os funcionários e agentes aos quais são atribuídos pela lei certas funções de Polícia Judiciária. Há distinção de prerrogativas entre os primeiros e segundos.

Entre os oficiais encontram-se vários casos, a exemplo dos oficiais da *Gendarmerie* nacional (cf. art. 16 do *Code*); entre os agentes, encontram-se funcionários dos serviços da polícia nacional que não são OPJ; e entre os funcionários encarregados de funções de PJ, encontram-se funcionários de certas administrações, a exemplo de agentes ambientais.

Encontram-se, ainda, poderes de Polícia Judiciária que são conferidos a certas autoridades judiciárias e administrativas, a exemplo do procurador da República e do juiz de instrução, mas este não mais na qualidade de oficial, mas ao fim de proceder em caso de flagrante delito.

Entre as autoridades administrativas, reconhece-se ao prefeito, que dispõe de poder regulamentar, alguns poderes de Polícia Judiciária, com certas limitações.

2. Conceitualmente, no CPP de 1958, a Polícia Judiciária permanece como polícia distinta da administrativa. Na lição de Bernard Bouloc, buscando especificar melhor sua função, defini-a a partir da ideia de *investigation*, não mais preventiva, mas essencialmente repressiva, o que a torna distinta da polícia administrativa.[78] Ele observa que, desde 1951, esse tem sido o critério finalístico com que a doutrina tem distinguido uma operação de Polícia Judiciária de uma atividade de polícia administrativa. Nos termos normativos do art. 14 do *Code*, ela é responsável por constatar as infrações do direito penal, reunir as provas e buscar os autores, o que faz por meio de *enquete preliminaire* (arts. 75 ss.).[79]

Os oficiais da Polícia Judiciária, ou sob seu controle seus agentes, podem proceder à investigações preliminares, quer por instrução do Ministério Público, quer oficiosamente (art. 75). Quando instrui a

---

[78] BOULOC, B. *Procédure pénale*, 2014, p. 364 ss.
[79] Conforme modificações da *LOI nº 2015-993 du 17 août 2015 portant adaptation de la procédure pénale au droit de L'Union européenne*.

Polícia Judiciária a realizar uma investigação preliminar, o Ministério Público define o período durante o qual a investigação deve ser realizada, podendo estendê-lo em vista das justificativas fornecidas pela polícia. Quando a investigação é realizada *ex officio*, a Polícia Judiciária informa ao Ministério Público seu progresso (art. 75-1). A notificação ao Ministério Público deve ser feita imediatamente, sobretudo quando houver uma pessoa contra a qual haja indícios de que cometeu ou tentou cometer o crime (art. 75-2). Em qualquer caso, contudo, a atividade essencial da PJ gira em torno da investigação criminal.

2.2 A *Polizia Giudiziaria* na Itália

1. A *Polizia Giudiziaria* se reconhece como sujeito processual no *Codice de Procedura Penale* (CPP) italiano, de 1988, atuando na dependência da autoridade judiciária, na qual se incluem tanto o juiz quanto o MP. O Estado italiano dispõe de cinco corpos de polícia – Polícia de Estado, Arma dos Carabineiros, Guarda de Finanças, Corpo de Polícia Penitenciária e Corpo Florestal do Estado – que exercem "funções" de Polícia Judiciária ou de segurança, diante de determinados pressupostos.[80]

Na função de Polícia Judiciária, prevista no art. 55 do CPP, por iniciativa própria, a polícia deve receber notícia de crime, impedir que o crime alcance suas consequências, investigar os autores, reunir atos necessários para assegurar as fontes de prova e recolher tudo que possa servir para a aplicação da lei penal. Como observa Paolo Tonini, a diferença entre as duas polícias encontra-se na contraposição entre "prevenção dos crimes" (em geral, portanto) e "repressão de um crime" (em específico, necessariamente), com o que se pretende indicar precisamente "a busca de todos os elementos necessários para identificar o crime e para tornar possível o desenvolvimento do processo penal".[81] E nisso consiste a essência de sua atividade funcional.

A distinção que assim se faz entre Polícia Judiciária e polícia de segurança tem uma finalidade pretensamente garantista, pois na função preventiva em regra a polícia não dispõe de poderes diretos de limitação dos direitos fundamentais. Diversamente, a Polícia Judiciária

---

[80] TONINI, P. *Manuale de procedura penale*, 2013, p. 124 ss.
[81] TONINI, P. *Manuale de procedura penale*, 2013, p. 125 (tradução nossa).

não apenas reúne a notícia de que um crime foi cometido, como também dispõe de amplos poderes coercitivos, podendo inclusive em situações de necessidade e urgência proceder à prisão em flagrante. Mas o exercício desses poderes coercitivos advém de uma relação direta com o desenvolvimento do processo, com garantias de direito de defesa e sob o controle do judiciário.[82] Trata-se de uma disposição indireta de direitos fundamentais, necessariamente exercida no âmbito de controle jurisdicional.

2. Organicamente, a polícia está dependente do poder executivo, mas funcionalmente está na dependência da autoridade judiciária. Na função de Polícia Judiciária, a polícia está na dependência funcional do Ministério Público e sob a supervisão do procurador-geral junto à Corte de Apelação, que pode dar início a procedimento disciplinar contra o agente ou oficial por ato no exercício dessa função.

A dependência funcional possui graus: i) o maior grau de dependência se encontra na *seção de Polícia Judiciária*, constituída junto ao ofício do MP de primeiro grau e composto de oficiais e agentes da polícia de Estado, carabineiros e guarda de finanças, a exercerem exclusivamente função de Polícia Judiciária; ii) em menor grau de dependência, encontram-se os *serviços de Polícia Judiciária*, constituídos juntos aos corpos de polícia a que pertencem, a exercerem de forma prioritária e continuada as funções de Polícia Judiciária; iii) por fim, os outros *ofícios de polícias judiciárias* são compostos por órgãos de polícia sob dependência funcional da magistratura, que dispõe de poder disciplinar.

2.3 A *Policía Judicial* na Espanha

1. Na Espanha, no marco da *Ley de Enjuiciamiento Criminal*, de 1882, a *policía judicial* não gozava de funções de investigação criminal, porque isso competia diretamente ao juiz de instrução, mas apenas de investigação de natureza preventiva dirigida a assegurar pessoas e futuros elementos de prova, mas desde a *Constitución Española*, de 1978, tem-se-lhe reconhecido um papel mais ativo com autêntica função investigativa.

O art. 126 da *Constitución Española* atribui expressamente à *policía judicial* essa função investigativa, nos seguintes termos: "*La policía*

---

[82] TONINI, P. *Manuale de procedura penale*, 2013, p. 126.

judicial depende de los Jueces, de los Tribunales y del Ministerio Fiscal en sus funciones de averiguación del delito y descubrimiento y aseguramiento del delincuente, en los términos que la ley establezca", o que virá reafirmado como função das forças e corpos de segurança, na *Ley Orgánica 2/1986*, cujo art. 11.1, g, arrola: *"Investigar los delitos para descubrir y detener a los presuntos culpables, asegurar los instrumentos, efectos y pruebas del delito, poniéndolos a disposición del Juez o Tribunal competente y elaborar los informes técnicos y periciales procedentes"*.

Segundo o art. 547 da *Ley Orgánica 6/1985, de 1 de julio, del Poder Judicial* (LOPJ), a função de *policía judicial* compreende o auxílio aos juízes e tribunais, bem como ao Ministério Público, na averiguação dos delitos e descobrimento dos delinquentes. É importante a esse respeito observar que quando se fala em função de auxílio, trata-se de auxílio em atividade de investigação criminal e não em outra coisa distinta disso.

Quanto à organização dessa *policía judicial*, a LOPJ, art. 548, dispõe que se estabelecerão unidades que dependerão funcionalmente das autoridades judiciais e do Ministério Público no desemprenho de todas as atuações que lhes encomendem.

Enquanto no exercício das competências referidas no art. 547, os funcionários dessa *policía judicial*, segundo a LOPJ, art. 550, não podem ser removidos ou afastados até que finalizem a investigação, salvo por decisão do juiz ou do Ministério Público competente.

2. Essas funções são exercidas pelas forças e corpos de segurança do Estado, através de organização de unidades específicas de PJ, nos termos do art. 30 da *Ley Orgánica 2/1986*: *"1. El Ministerio del Interior organizará con funcionarios de las Fuerzas y Cuerpos de Seguridad del Estado que cuenten con la adecuada formación especializada, Unidades de Policía Judicial, atendiendo a criterios territoriales y de especialización delictual, a las que corresponderá esta función con carácter permanente y especial. 2. Las referidas Unidades orgánicas de Policía Judicial podrán adscribirse, en todo o en parte, por el Ministerio del Interior, oído el Consejo General del Poder Judicial, a determinados Juzgados y Tribunales. De igual manera podrán adscribirse al Ministerio Fiscal, oído el Fiscal General del Estado."*

Em todo caso, a função específica que concerne à Polícia Judiciária diz respeito à atividade de investigação criminal, quer atue na dependência do juiz, quer atue na dependência do Ministério Público, segundo as competências destes no processo penal. Mas ainda se incluem nessa sua função algumas diligências autônomas de investigação, entre as quais se encontram: interrogatório do detido logo após sua detenção, interrogatório de testemunhas no lugar do fato ou em Delegacia de Polícia, reconhecimento do imputado por procedimentos diversos, realização de informes técnicos, além de autênticas perícias.[83]

Ao conjunto das atividades da PJ dá-se o nome de *atestado policial*, que costuma ser considerado segundo uma divisão em parte objetiva, relativa a diligências realizadas, e parte subjetiva, relativa às suas considerações.

2.4 A Polícia Judiciária em Portugal

1. Em Portugal, no quadro do Código de Processo Penal de 1987, a função de Polícia Judiciária é exercida por *órgãos de polícia criminal* (OPC),[84] entre os quais se encontra um órgão cujo nome é especificamente Polícia Judiciária, entre outros órgãos policiais, que exercem a mesma função de investigação, mas segundo divisão expressa de competências prevista na Lei de Organização da Investigação Criminal (LOIC) nº 49, de 27 de agosto de 2008.

Nos termos conceituais do CPP (artigo 1º, c) consideram-se *órgãos de polícia criminal* "todas as entidades e agentes policiais a quem caiba levar a cabo quaisquer actos ordenados por uma autoridade judiciária ou determinados" pelo Código.

Entre esses órgãos, encontra-se além da Polícia Judiciária (PJ), a Polícia de Segurança Pública (PSP) e a Guarda Nacional Republicana (GNR). A PJ pertence ao Ministério da Justiça, ao passo que a PSP pertence ao Ministério da Administração Interna, sendo uma polícia fardada, mas civil. A GNR, por sua vez, é uma força de segurança de natureza militar, caracterizada como força militar de segurança pública.

Segundo o artigo 55º do CPP é "competência dos órgãos de polícia criminal": a) em geral, "coadjuvar as autoridades judiciárias com vista à realização das finalidades do processo"; b) em especial, "mesmo por iniciativa própria, colher notícia dos crimes e impedir quanto possível as suas consequências, descobrir os seus agentes e levar a cabo os actos necessários e urgentes destinados a assegurar os meios de provas". Aqui, assim como acontece no sistema espanhol,

---

[83] ASENCIO MELLADO, J. M. *Derecho procesal penal*, 2012, p. 97 ss.
[84] A respeito da distinção entre Polícia Criminal e Polícia Judiciária, MONET, J.-C. *Polícia e sociedade na Europa*, 2002, p. 113 ss., explica que: "É preferível adotar o termo 'polícia criminal' e reservar o termo polícia judiciária aos casos em que os serviços de polícia criminal são colocados sob a autoridade hierárquica do ministro da Justiça".

mesmo quando se fala em coadjuvação das autoridades judiciárias, trata-se de atividade relacionada aos fins do processo, no que se refere essencialmente à atividade investigativa.

2. Nos termos do artigo 3º da LOIC, os OPC podem ter competência genérica, específica ou reservava. A Polícia Judiciária (PJ), a Polícia de Segurança Pública (PSP) e a Guarda Nacional Republicana (GNR) possuem de regra competência genérica. A competência específica obedece a princípios de especialização e racionalização (artigo 4º). E para atribuir-se competência reservada exige-se expressa previsão legal.

Em matéria de investigação criminal (LOIC, artigo 6º), a GNR e a PSP possuem competência genérica para crimes cuja competência não esteja reservada a outros OPC, bem como para os crimes que lhe sejam cometidos pela autoridade judiciária nos termos do artigo 8º que trata da competência deferida, a partir dos casos originariamente atribuídos à PJ no artigo 7º.2, nos casos em que: "a) Existam provas simples e evidentes, na acepção do Código de Processo Penal; b) Estejam verificados os pressupostos das formas especiais de processo, nos termos do Código de Processo Penal; c) Se trate de crime sobre o qual incidam orientações sobre a pequena criminalidade, nos termos da Lei de Política Criminal em vigor; ou d) A investigação não exija especial mobilidade de actuação ou meios de elevada especialidade técnica".

O artigo 7º.2 da LOIC, contudo, ao dispor da "competência da Polícia Judiciária em matéria de investigação criminal", estabelece ser sua competência reservada, que não pode ser deferida a outro OPC, os seguintes crimes: "a) Crimes dolosos ou agravados pelo resultado, quando for elemento do tipo a morte de uma pessoa; b) Escravidão, sequestro, rapto e tomada de reféns; c) Contra a identidade cultural e integridade pessoal e os previstos na Lei Penal Relativa Às Violações do Direito Internacional Humanitário; d) Contrafacção de moeda, títulos de crédito, valores selados, selos e outros valores equiparados ou a respectiva passagem; e) Captura ou atentado à segurança de transporte por ar, água, caminho de ferro ou de transporte rodoviário a que corresponda, em abstracto, pena igual ou superior a 8 anos de prisão; f) Participação em motim armado; g) Associação criminosa; h) Contra a segurança do Estado, com excepção dos que respeitem ao processo eleitoral; i) Branqueamento; j) Tráfico de influência, corrupção, peculato e participação económica em negócio; l) Organizações terroristas, terrorismo, terrorismo internacional e financiamento do terrorismo; m) Praticados contra o Presidente da República, o Presidente da

Assembleia da República, o Primeiro-Ministro, os presidentes dos tribunais superiores e o Procurador-Geral da República, no exercício das suas funções ou por causa delas; n) Prevaricação e abuso de poderes praticados por titulares de cargos políticos; o) Fraude na obtenção ou desvio de subsídio ou subvenção e fraude na obtenção de crédito bonificado; p) Roubo em instituições de crédito, repartições da Fazenda Pública e correios; q) Conexos com os crimes referidos nas alíneas d), j) e o)".

3. A Polícia Judiciária, como órgão específico, foi organizada pelo Decreto-Lei nº 35.042 de 20 de outubro de 1945, inicialmente na dependência apenas funcional do Ministério Público, vindo posteriormente o DL 39.351, de 7 de setembro de 1953, a estabelecer uma dependência orgânica, em que o Diretor da Polícia Judiciária era um ajudante do Procurador-Geral da República, com poder disciplinar, o que atualmente não subsiste. No marco dessa legislação, competia à Polícia Judiciária exercer as atribuições que, à exceção da ação penal, a lei conferia ao Ministério Público relativamente à instrução preparatória em processo penal. "Essa é propriamente a função de Polícia Judiciária, a função que justifica a denominação do órgão".[85]

A PJ como órgão de polícia criminal é reconhecida como a corporação policial que foi especificamente criada para auxiliar a administração da justiça, sob dependência do Ministério da Justiça.[86] Segundo o art. 1º da Lei nº 37/2008 (Lei Orgânica da PJ): "A Polícia Judiciária, abreviadamente designada por PJ, corpo superior de polícia criminal organizado hierarquicamente na dependência do Ministro da Justiça e fiscalizado nos termos da lei, é um serviço central da administração directa do Estado, dotado de autonomia administrativa".

A Polícia Judiciária, em Portugal, aparece tanto como instituição cujas funções são distribuídas entre órgãos diversos, chamados por seu sistema jurídico de Órgãos de Polícia Criminal, entre os quais um dele se chama especificamente Polícia Judiciária. Apesar dessa peculiar conformação entre instituição, órgão e função, a considerar os demais sistemas jurídicos latinos, históricos e positivos, da França, Itália e Espanha – nos quais não existe um órgão específico de Polícia Judiciária –, trata-se de um sistema de polícia que está mais próximo do sistema de polícia brasileiro, no qual vamos encontrar órgãos policiais exclusivamente destinados à função de Polícia Judiciária.

---

[85] CAVALEIRO FERREIRA, M. *Curso de processo penal I*, 1981, p. 103 ss.
[86] MARQUES DA SILVA, G. *Direito processual penal português I*, 2013, p. 266.

CAPÍTULO 3

A POLÍCIA JUDICIÁRIA NO BRASIL

A Polícia Judiciária no Brasil, em um movimento histórico que se aproxima do francês, embora tenha suas especificidades, nasce no contexto da tentativa de separação entre as funções de justiça e as funções de polícia, até chegar ao modelo de uma polícia, especificamente judiciária e distinta organicamente da polícia administrativa, orientada funcionalmente à investigação criminal.

Essa especialização orgânica, contudo, tem atualmente encontrado uma retração pela crescente tentativa de atribuir-se a investigação criminal a outros órgãos distintos da polícia especificamente judiciária. O resultado desse processo não acaba com a Polícia Judiciária, restringindo-a em seu âmbito de atuação, mas antes a torna menos especializada, imiscuída em órgãos diversos com funções outras cumuladas, o que acaba por expandir a sua função para além de órgãos especificamente destinados à investigação criminal.

A consciência histórica do percurso nacional, em torno do processo de instituição da Polícia Judiciária, como uma tentativa de separação entre funções de justiça e funções de polícia é, nesse sentido, fundamental para compreender o que está em causa nas recentes movimentações legislativas que negligenciam as questões jurídicas próprias de um Direito de Polícia Judiciária. E como o veremos, nossa experiência histórica, sob vários aspectos, reflete aquele movimento revolucionário francês, desde as suas primeiras tentativas de separação de funções.

A primeira tentativa de separação se encontra no Alvará de 25 de junho de 1760 que, ao criar o lugar de intendente-geral de polícia, manifestando o objetivo de separar as funções de juízes criminais acumulando funções policiais, acaba por concentrar no intendente funções judiciárias.[87] Mas a Exposição de Motivos desse

---
[87] MENDES DE ALMEIDA, J. C. *Princípios fundamentais do processo penal*, 1973, p. 62 ss.

Alvará tem um valor heurístico que nos informa o sentido histórico das instituições processuais penais nacionais, tentando acompanhar o movimento que se observava no direito estrangeiro.[88] Essa confusão de funções persiste até mesmo com a Lei de 13 de outubro de 1827, que cria os juizados de paz em cada freguesia do Império, nos quais se concentram atribuições policiais, tanto preventivas quanto repressivas, bem como funções informativas e probatórias, situação que se mantém com o Código de Processo Criminal de 1832 (CPP de 1832), tendo fim apenas com a Lei nº 261 de 1841 de Reforma do Código, quando são criadas as funções de chefes de polícia. Mas na instituição do juiz de paz estará certamente a primeira e mais clara distinção da função de Polícia Judiciária no Brasil com o instituto jurídico da formação da culpa como fase do processo penal.

3.1 A instituição do juiz de paz e a formação da culpa

1. A Lei de 13 de outubro de 1827 é considerada a primeira grande reforma e a mais importante modificação do sistema judicial imperial, tendo na figura do juiz de paz o elemento concentrador das aspirações liberais representadas pelas ideias democráticas, com autonomia, descentralização e localismo, que chegavam do pensamento europeu e aportavam no Brasil, em ostensiva contradição com o pensamento conservador da autoridade central. O juiz de paz retirava sua legitimidade do eleitorado popular independente, pondo-se nas antípodas do juiz de fora ou ouvidor, que representava a autoridade da justiça do rei.[89]

Os juízes de paz tinham, segundo o art. 12, §§1º a 8º, do CPP de 1832, atribuições administrativas gerais de polícia, bem como atribuições de Polícia Judiciária e jurisdicionais, nas quais encontramos: a) "Tomar conhecimento das pessoas, que de novo vierem habitar no seu Districto, sendo desconhecidas, ou suspeitas; e conceder passaporte

---

[88] "Sucedendo assim nesta Corte o mesmo que, com o referido motivo havia sucedido em todas as outras da Europa que, por muitos séculos, acumulando as repetidas leis e editos que foram publicados em benefício da Polícia e paz pública, sem haverem sortido o procurado efeito, enquanto a jurisdição contenciosa e política andaram acumuladas e confundidas em um só magistrado, até que, sobre o desengano de tantas experiências, vieram nestes últimos tempos a separar e distinguir as sobreditas jurisdição com o sucesso de colherem logo delas os pretendidos frutos da paz e do sossego público".

[89] Cf. FLORY, T. *El juez de paz y el jurado en el Brasil imperial*, 1986, p. 81-109.

ás que lh'o requererem"; b) "Obrigar a assignar termo de bem viver aos vadios, mendigos, bêbados por habito, prostitutas, que perturbam o socego publico, aos turbulentos, que por palavras, ou acções ofendem os bons costumes, a tranquilidade publica, e a paz das famílias"; c) "Obrigar a assignar termo de segurança aos legalmente suspeitos da pretenção de commetter algum crime, podendo cominar neste caso, assim como aos compreendidos no paragrapho antecedente, multa até trina mil réis, prisão até trinta dias, e três mezes de Casa de Correcção, ou Officinas publicas"; d) "Proceder a Auto de Corpo de delicto, e forma a culpa aos delinquentes" (o que nesse contexto correspondia à atividade de reconstituição da materialidade do delito e consequentemente a identificação do agente da infração);[90] e) "Conceder fiança na fórma a Lei, aos declarados culpados no Juízo de Paz"; f) "Julgar: 1º as contravenções ás Posturas das Camaras Municipaes; 2º os crimes, a que não esteja imposta pena maior, que a multa até cem mil réis, prisão, degredo, ou desterro até seis mezes, com mula correspondente à metade d'este tempo, ou sem ella, e trez mezes de Casa de Correcção, ou Officinas Publica onde as houver".

2. Além dos juízes, escrivães e oficiais do Juízo de Paz, o CPP de 1832 prevê, entre todas essas "pessoas encarregadas da administração da justiça criminal em cada distrito", a figura dos "inspetores de quarteirão", com atribuições de prevenção dos crimes e prisão de criminosos em flagrante, escolhidos entre "pessoas bem conceituadas", maiores de 21 anos, que deveriam agir sob ordem e orientação do juiz de paz, que os indicava para nomeação pela Câmara Municipal. Nesse quadro do CPP de 1832, havia ainda os juízes de direito (arts. 44 a 47), que tinham por função limitada instruir os feitos que seriam julgados pelo "Conselho de Jurados ou Jury de Sentença" (arts. 254 a 274), que vinha antecedido por um "Jury de Accusação" (art. 228 ss.).

Apesar de o juiz de paz permanecer com algumas funções administrativas que por vezes se podiam confundir com uma polícia preventiva, o art. 18 do CPP de 1832 atribuía mais expressamente aos inspetores de quarteirões "vigiar sobre a prevenção dos crimes, admoestando aos compreendidos no art. 12, §2º para que se corrijam; e, quando o não façam, dar disso parte circumstanciadas aos Juizes de Paz respectivos". É necessário observar que ao juiz de paz, nos termos dos arts. 134 a 149 do CPP de 1832, competia a "formação da culpa" que se iniciava por auto de corpo de delito, quando houvesse,

---

[90] MENDES DE ALMEIDA, J. C. *Princípios fundamentais do processo penal*, 1973, p. 37 ss.

ou informações, seguindo-se sempre da inquirição de testemunhas e interrogatório do indiciado, lavrando-se de tudo termo escrito pelo escrivão e assinado pelo juiz.

O juiz de paz é, nesse sentido, a instituição que inaugura no Brasil as funções de Polícia Judiciária, que virá melhor organizada quase dez anos depois, com a Reforma do Processo Criminal pela Lei nº 261 de 1841, que cria a função de chefe de polícia, com delegados e subdelegados, em substituição expressa do juiz de paz.

3.2 A figura dos chefes de polícia e seus delegados

1. A Lei nº 261 de 1841, ao instituir a figura dos "chefes de polícia", determinava que eles se deveriam escolher dentre desembargadores e juízes de direito, aos quais se subordinavam como autoridades policiais os delegados e subdelegados, escolhidos entre quaisquer juízes e cidadãos.[91]

O art. 4º, §1º da Lei nº 261/1841 atribui expressamente aos chefes de polícia toda a competência do juiz de paz, que o art. 12, §§1º a 7º do CPP de 1832 lhe atribuía originariamente, além de uma ampla competência de natureza administrativa e de polícia preventiva. O art. 6º, por sua vez, especificando melhor a estrutura do sistema penal, determina que "as atribuições criminaes e policiaes que actualmente pretencem aos Juízes de Paz, e que por esta Lei não forem especialmente devolvidas ás Autoridades, que crêa, ficam pertecendo aos Delegados e Subdelegados".

Toda a Reforma do Código de Processo Penal vem sustentada pelo Partido Conservador, a partir do projeto do senador Bernardo Pereira Vasconcelos, tendo por justificação a necessidade de dissociação das funções judiciárias e policiais, o que apenas virá melhor detalhado com o seu Regulamento no ano seguinte.

2. O Regulamento nº 120 de 1842, "para execução da parte policial e criminal" da Lei 261, vai distinguir expressamente Polícia Administrativa e Polícia Judiciária, ao estabelecer em seu art. 3º que: "São de competencia da Polícia Judiciária: 1º A atribuição de proceder a corpo de delito, comprehendida no §4º do art. 12 do Código de Processo Penal; 2º A de prender os culpados, comprehendida no §5º do mesmo artigo do dito Código; 3º a de conceder mandados de

---

[91] Cf. PIERANGELLI, J. H. *Processo Penal*: evolução histórica e fontes legislativas, 2004, p. 137-146.

busca; 4º A de julgar os crimes a que não esteja imposta pena maior que multa de 100$000, prisão, degredo, ou desterro até seis mezes, com multa correspondente á metade desse tempo, ou sem ella e tres mezes de Casa de Correcção ou oficinais públicas, onde as houver (Código do Proc. Crim. Art. 12, §7)".

Aos delegados, em específico, competiam todas as atribuições policiais antes pertencentes aos juízes de paz, além das diversas competências que o regulamento atribuía ao chefe de polícia (art. 62). Em especial, nas atribuições criminais que lhe são conferidas, o Regulamento lhe confere todas aquelas que são de competência do chefe de polícia em matéria criminal.

A reforma da organização judiciária que vem com a Lei nº 22.003 de 1871 não contém nenhuma disposição relativa à polícia, embora se encontrem algumas que extinguem a jurisdição das autoridades policiais, ressalvadas ao chefe de polícia a faculdade de proceder à formação da culpa no caso do art. 60 do Regulamento 120, além de conter disposições típicas de Polícia Judiciária, como a que se encontra no art. 10, §1º.

Regulando a aplicação da Lei nº 22.033, o Decreto nº 4.824 de 1871, contudo, dedica uma seção inteira à disposição do inquérito policial, que aparece pela primeira vez com esse nome na legislação processual penal brasileira, embora não o tenha criado, pois suas funções já há muito constavam em leis anteriores. Nesse Decreto, dispõe-se ainda sobre as atribuições dos chefes, delegados e subdelegados de polícia, entre as quais se encontram as diligências que deveriam proceder no caso de notícia de crime, bem como no caso de flagrante.

3.3 A Polícia Judiciária na legislação e jurisprudência atuais

1. Após um período de legislação processual produzida pelos Estados, que se segue imediatamente à proclamação da República, o Código de Processo Penal nacional (Decreto-Lei nº 3.689/1943) consolida a ideia de uma função de Polícia Judiciária, mas é somente com a Constituição Federal de 1988 que a Polícia Judiciária se estabelece como órgão constitucional e especificamente distinto da polícia de segurança.

Antes disso, ainda no período da legislação processual dos Estados, o Código de Processo do Distrito Federal, por exemplo, não dispunha expressamente sobre a Polícia Judiciária, embora tratasse em capítulo próprio "da investigação" sobre a atribuição da autoridade policial, dispondo que lhes competia "I – fornecer às autoridades judiciárias informações necessárias ao descobrimento dos autores e cúmplices de qualquer infração penal e verificação de sua identidade", bem como "II – auxiliar a instrução criminal, praticando com solicitude, as diligências requisitadas pelo juiz ou pelo Ministério Público" e "III – cumprir os mandados e requisições das autoridade competentes" (art. 244).

O CPP de 1943, mais expressamente, dispõe inicialmente que "a Polícia Judiciária será exercida pelas autoridades policiais no território de suas respectivas jurisdições e terá por fim a apuração das infrações penais e da sua autoria" (art. 4º), cuja redação é modificada pela Lei nº 9.043/1995, para trocar "jurisdições" por "circunscrições". Nesse ponto, a disciplina normativa da Polícia Judiciária já está sob uma nova concepção constitucional que a entende, em definitivo, como algo que, embora não se confundindo com a polícia da administração pública, também não se deve confundir com a jurisdição do poder judiciário.

2. A Constituição de 1988, ao fazer referência expressa à Polícia Judiciária como função que se exerce pelas polícias civis e Polícia Federal, dispõe de forma que parece distinguir entre essa função e a de investigação criminal.[92] Em seu artigo 144, §1º, dispõe ser competência da Polícia Federal, em seu inciso I, "apurar infrações penais contra a ordem política e social ou em detrimento de bens, serviços e interesses da União ou de suas entidades autárquicas e empresas públicas, assim como outras infrações cuja prática tenha repercussão interestadual ou internacional e exija repressão uniforme, segundo se dispuser em lei". Mas, no inciso IV, em separado diz que lhe compete ainda "exercer, com exclusividade, as funções de polícia judiciária da União".

Ainda o §4º do art. 144 dispõe que "às polícias civis, dirigidas por delegados de polícia de carreira, incumbem, ressalvada a competência da União, as funções de polícia judiciária e a apuração de infrações penais, exceto as militares".

---

[92] Antes da Constituição de 1988, em nenhuma outra se encontra qualquer referência à Polícia Judiciária. Apenas na Constituição de 1967 há, contudo, referência à possibilidade de *habeas corpus* no Tribunal Federal de recursos contra ato do responsável pela direção da Polícia Federal (art. 117, I, c).

3.3.1 A dissociação entre Polícia Judiciária e apuração de infrações penais

1. A redação constitucional dissociativa – a separar Polícia Judiciária e apuração de infrações penais – tem gerado uma jurisprudência no Superior Tribunal de Justiça que vem entendendo serem possíveis atos de investigação praticados pela Polícia Militar, a exemplo do que se pode ler no HC 303494 SC 3014/0225286-6 (Rel. Ministro Sebastião Reis Júnior, DJ 17.06.2015), sustentado no pressuposto tradicional da doutrina que pretende evitar que nulidades ocorridas na investigação possam tornar nula a ação penal. Em seu argumento, o acórdão recorre a outro julgado em que se afirma o seguinte: "A Constituição da República diferencia as funções de Polícia Judiciária e de polícia investigativa, sendo que apenas a primeira foi conferida com exclusividade à polícia federal e à polícia civil" (HC 256.118/SC, Ministra Maria Thereza de Assis Moura, DJ 9.6.2014).

A partir dessa dissociação linguística constitucional, rompendo com uma tradição histórica que podemos observar tanto na doutrina estrangeira quanto no Brasil, tem-se sustentado que a polícia investigativa não se confunde com a Polícia Judiciária, pois esta estaria limitada àquelas funções de auxílio ao Poder Judiciário, que no CPP se encontram dispostas no art. 13: "Incumbirá ainda à autoridade policial: I – fornecer às autoridades judiciárias as informações necessárias à instrução e julgamento dos processos; II – realizar as diligências requisitadas pelo juiz ou pelo Ministério Público; III – cumprir os mandados de prisão expedidos pelas autoridades judiciárias; IV – representar acerca da prisão preventiva".[93]

Trata-se, contudo, de interpretação contraditória, afinal todas essas supostas funções de Polícia Judiciária são ainda elas todas relativas à atividade de investigação criminal. Afinal, para fornecer informações necessárias à instrução, pressupõe-se investigar; ao realizar diligências requisitas, o que se segue é uma investigação; ao cumprirem-se mandados, estes se inserem no contexto de uma investigação; e ao representar pela prisão, a autoridade de Polícia Judiciária o faz no interesse da investigação.

O que está subjacente ao discurso dissociativo, portanto, é não exatamente uma distinção entre funções, mas antes a possibilidade de por essa interpretação admitir-se que outras polícias, bem como outros

---

[93] Essa é a interpretação que sustenta FEITOZA, D. *Direito processual penal*, 2008, p. 162 ss.

órgãos não policiais, possam exercer a função de Polícia Judiciária que se concretiza pela atividade investigativa.

2. A questão é que, embora a Constituição de 1988 tenha consolidado em órgãos específicos a função de Polícia Judiciária, não existe uma unidade concentrada nas polícias civil e federal, a considerar que subsistem funções difusas no sistema, mas isso, contudo, não deveria autorizar a qualquer órgão investigar, sem lei específica que o permitisse.

A primeira exceção vem feita já no parágrafo único do art. 4º do CPP, que dispõe: "A competência definida neste artigo não excluirá a de autoridades administrativas, a quem por lei seja cometida a mesma função". Exemplo de lei que comete a outras autoridades, parece-nos se encontrar na Lei Complementar 75/93, art. 18, parágrafo único, e na Lei Complementar 35/73, art. 33, parágrafo único, a transferir a função de Polícia Judiciária da autoridade policial para a autoridade judiciária ou Ministério Público, a investigação iniciada por autoridade policial sempre que se deparar com investigado juiz ou promotor de justiça. Mas mesmo essa transferência legal de competência é, contudo, questionável à luz da CRFB 1988, a considerar que a única exceção constitucional é feita à investigação de infrações penais militares.

Outra exceção foi criada, ademais, por jurisprudência do STF (*Leading Case:* STF, RE 593.727-MG, de 14.05.2015), transferindo a competência de Polícia Judiciária ao Ministério Público, nos seguintes termos:

> O Ministério Público dispõe de competência para promover, por autoridade própria, e por prazo razoável, investigações de natureza penal, desde que respeitados os direitos e garantias que assistem a qualquer indiciado ou a qualquer pessoa sob investigação do Estado, observadas, sempre, por seus agentes, as hipóteses de reserva constitucional de jurisdição e, também, as prerrogativas profissionais de que se acham investidos, em nosso País, os Advogados (Lei 8.906/94, artigo 7º, notadamente os incisos I, II, III, XI, XIII, XIV e XIX), sem prejuízo da possibilidade – sempre presente no Estado democrático de Direito – do permanente controle jurisdicional dos atos, necessariamente documentados (Súmula Vinculante 14), praticados pelos membros dessa instituição.

Nesse ponto, é relevante observar que temos uma volta àquele modelo histórico francês que encontramos no CIC 1808, no qual o Ministério Público aparece como oficial superior de Polícia Judiciária. De fato, não se trata apenas de permitir ao Ministério Público investigar.

O que resulta dessa jurisprudência é uma reengenharia do sistema processual, que passa agora a concentrar nas mãos do Ministério Público as funções de investigação e acusação, que tanto a história tem insistido em tentar separar.

Nessa mesma linha de concentração de poder, também a Polícia Militar dos Estados tem tentado assumir poderes de Polícia Judiciária em crimes de menor potencial ofensivo, inclusive obtendo autorizações legislativas em certos Estados para assim atuar, embora o STF venha reafirmando a inconstitucionalidade dessas leis, a exemplo do que se lê RE 702.617/2013:

> O dispositivo legal que atribui à Polícia Militar competência para confeccionar termos circunstanciado de ocorrência, nos termos do art. 69 da Lei nº 9.099/1995, invade a competência da Polícia Civil, prevista no art. 115 da Constituição do Estado do Amazonas, e se dissocia da competência atribuída à Polícia Militar constante do art. 116 da Carta Estadual, ambos redigidos de acordo com o art. 144, §§4º e 5º, da Constituição Federal.

Em todos os casos de distribuição da competência de Polícia Judiciária, quer seja por lei ou por jurisprudência, está por trás da argumentação uma tentativa dissociativa no conceito de Polícia Judiciária, para torná-la algo distinto da investigação, o que precisa ser enfrentado seriamente para entender o que de fato há de problemático nessa hermenêutica canhestra e suas consequências no sistema processual penal.

3.3.2 A necessária imbricação "Polícia Judiciária-Investigação Criminal"

1. Apesar das tentativas de dissociação entre Polícia Judiciária e investigação criminal, insistimos que esta compreende precisamente a função que lhe é específica, ainda que possamos discutir se a atribuição de sua competência deveria ser feita a um órgão exclusivamente destinado a isso, a órgãos policiais que acumulam outras funções policiais ou mesmo a órgãos com funções outras. A primeira questão é, contudo, conceitual, não se podendo simplesmente ignorar a história da instituição para criar oportunidade de reforma. A segunda questão é, por sua vez, essencialmente política, relativa a que modelo de Polícia Judiciária queremos, mas sem necessariamente fazer uma distinção artificial sobre aquilo que sempre significou a mesma coisa.

A doutrina processualista penal nacional, seguindo a doutrina jurídica histórica e comparada, sempre entendeu que a Polícia Judiciária abrange precisamente a investigação criminal. Dois critérios são referidos para distinguir a Polícia Judiciária da administrativa. Pelo primeiro critério, baseado na distinção entre funções preventivas e funções repressivas, "a Polícia Judiciária opera depois das infrações para investigar a verdade e, a respeito, prestar informações à justiça". Pelo segundo critério, baseado na diferença de efeitos judiciais das funções policiais, "o valor de prova judicial assinala um ato judiciário da polícia, uma função de Polícia Judiciária", ao passo que a polícia administrativa alcança valor meramente informativo. Nesses termos, Joaquim Canuto Mendes de Almeida conclui que "Polícia Judiciária é, pois, em correlação oposta à polícia preventiva, a polícia repressiva, auxiliar do Poder Judiciário; e, em correlação oposta à polícia que auxilia por informações, a polícia que prepara provas judiciais".[94] É a partir dessa questão que precisamos entender o que está em causa, afinal, até podemos ter atividades administrativas diversas que se deparem com a necessidade de "apurar infrações penais" (para usar aqui a expressão constitucional), mas essa apuração somente pode ter a natureza processual probatória se estiverem sob direção de órgãos específicos de Polícia Judiciária.

Claro é que esse conceito se deve atualizar para falar não de auxiliar do Poder Judiciário, mas, como o veremos, de Polícia Judiciária como "função essencial à Justiça". E, sobretudo, deve-se ter em conta o valor condicionado dos atos probatórios de investigação, nos termos do que atualmente dispõe o art. 155 do CPP. Mas a ideia central deve permanecer, pois retirar do conceito de Polícia Judiciária a função investigativa seria esvaziar seu sentido, para transformá-la numa polícia administrativa do Poder Judiciário. Apenas uma absoluta incompreensão do sentido histórico da Polícia Judiciária, não apenas no Brasil, mas sobretudo na história das instituições processuais penais desde França, passando por todos os demais países que o seguem, permitir-nos-ia dissociar Polícia Judiciária de sua função investigativa.

Apenas colocando a Polícia Judiciária como órgão meramente auxiliar das funções judiciais, poder-se-ia fazer uma dissociação inconsequente. Mas, há muito tempo, a Polícia Judiciária no Brasil exerce suas atribuições como competência própria, não por delegação de uma qualquer autoridade judiciária. Os denominados "delegados de polícia" no direito brasileiro – embora mantenham a denominação histórica – não guardam mais qualquer resíduo de subordinação funcional, pois

---

[94] MENDES DE ALMEIDA, J. C. *Princípios fundamentais do processo penal*, 1973, p. 60.

atuam segundo uma lógica de interdependência funcional que a Lei nº 12.830/2013 apenas veio a reafirmar formalmente.[95] Como há muito tempo já advertia Hélio Tornaghi, "se organicamente a Polícia Judiciária entronca na máquina administrativa do Estado, funcionalmente ela se liga ao aparelho judiciário"; mas nisso não se pode ver qualquer subordinação do órgão a qualquer outra instituição. Por isso, acresce o autor, que "não há nenhuma subordinação hierárquica, disciplinar, entre Polícia Judiciária e o Poder Judiciário ou mesmo o Ministério Público, mas apenas interdependência funcional".[96] E é precisamente nessa fórmula – "interdependência funcional" – que se capta, pelo menos na história do processo penal brasileiro com seu modelo de investigação criminal, a ideia fundamental da Polícia Judiciária que o STJ tem ignorado e afundado numa hermenêutica canhestra da Constituição.

Hélio Tornaghi, portanto, continua a ter razão quando explica que "a principal atribuição da Polícia Judiciária é a de proceder a inquérito para apuração dos fatos criminosos e de sua autoria",[97] e sem essa compreensão toda a arquitetura nacional de um devido processo penal pode desaguar numa insegurança jurídica da investigação criminal, em que sem prévia atribuição de competência um cidadão se pode ver investigado por qualquer órgão ou até por mais de um órgão, como vem acontecendo no Brasil.

Em conclusão, a compreensão possível para a dissociação constitucional entre Polícia Judiciária e "apuração de infrações penais" (e essa é a expressão utilizada, em lugar de investigação criminal), é dar a essa uma interpretação restritiva no sentido de permitir a outras instituições, mas sempre e necessariamente havendo lei, a possibilidade de realizar atos de investigação não qualificados pela natureza processual, ou seja sem possibilidade de utilização em juízo, salvo se for instrumentalizado por inquérito policial dirigido por autoridade específica de Polícia Judiciária.

Nesse sentido, tendo em conta a necessária relação entre Polícia Judiciária e investigação criminal, mesmo os casos em que a lei ou a jurisprudência tem deferido uma qualquer competência investigativa a órgãos diversos da Polícia Judiciária, essa atividade não deveria ser aceita a título de prova penal, sem as garantias de Polícia Judiciária

---

[95] Cf. nosso PEREIRA, E. S.; DEZAN, S. L. *Investigação criminal conduzida por Delegado de Polícia*: comentários à Lei nº 12.830/2013, 2013.
[96] TORNAGHI, H. *Instituições de Processo Penal II*, 1977b.
[97] TORNAGHI, H. *Instituições de Processo Penal II*, 1977b.

que se exigem pela lei. É essa interpretação que melhor se coaduna com uma concepção de Polícia Judiciária como instituição essencial ao exercício da jurisdição para garantia de um devido processo penal. Assim, portanto, quando a Constituição Federal atribui com exclusividade à Polícia Federal "as funções de polícia judiciária da União", está a dizer que em todas as hipóteses de investigação criminal necessárias a processo penal perante Poder Judiciário da União, é ela o órgão constitucionalmente competente para investigar, sendo tudo mais mera apuração de infração de caráter administrativo. Se outro foi, no entanto, o sentido que pretendia estabelecer o constituinte, a considerar toda a história da instituição, parece-nos que cometeu um equívoco inconciliável, ou teremos que admitir a possibilidade de uma função sem conteúdo, que virá assumida por um órgão criado para esse fim, mas sem qualquer utilidade, a considerar que a investigação criminal poderá ser atribuída a outros órgãos distintos.

CAPÍTULO 4

O CONCEITO DE POLÍCIA JUDICIÁRIA

4.1 A ideia de instituição jurídica e sua função

1. *A Polícia Judiciária é, antes e sobretudo, uma instituição jurídica que pressupõe tanto uma organização específica quanto um procedimento próprio, cuja função de investigação criminal é essencial ao exercício da jurisdição penal.* Essa definição pressupõe uma distinção entre a instituição (Polícia Judiciária) e sua função (investigação criminal), seus órgãos (Polícia Federal, Polícia Civil) e seu procedimento penal (inquérito policial). Essa distinção é necessária à compreensão de que não se pode dissociar Polícia Judiciária e investigação criminal como se tratasse de atividades que se podem separar. É, ademais, necessária à devida compreensão de que estamos tratando de uma instituição que se orienta à realização da jurisdição.

2. Maurice Hauriou sustenta que "as instituições representam, no direito como na história, a categoria da duração, da continuidade e do real; a operação de sua fundação constitui o fundamento jurídico da sociedade e do Estado".[98] A Polícia Judiciária é, nesse sentido, a instituição que desde a Revolução Francesa se estabeleceu com base na ideia de separação do poder, segundo uma distinção entre funções de polícia e funções de justiça, visando a permitir que nestas funções um órgão especificamente orientado à atividade de investigação pudesse realizá-la independente do poder executivo. E nisto está o seu fundamento, aquilo que a justifica e nos permite ter a compreensão de seu sentido na continuidade histórica e positiva

---

[98] HAURIOU, M. *Teoria da instituição e da fundação*, 2009, p. 11.

do direito. É essa ideia persistente de uma divisão do poder, cuja estrutura fundamental se vai refletir no processo penal, que precisamos reter a respeito da Polícia Judiciária como instituição, sem confundi-la com a sua organização e seu procedimento.

Uma instituição é, nesse sentido, "uma ideia de obra ou de empresa que se realiza e dura juridicamente num meio social; para a realização dessa ideia, organiza-se um poder que lhe confere órgãos".[99] A Polícia Judiciária como instituição, nesse sentido, tem como ideia fundamental a busca pela realização de um devido processo penal, no qual o Poder Executivo não possa interferir na função do Poder Judiciário, ao mesmo tempo em que este não tenha uma concentração dos diversos poderes processuais penais (investigação, acusação, defesa e julgamento)

Entende-se por que, ainda na concepção de Maurice Hauriou, "o elemento mais importante de toda instituição corporativa é o da *ideia da obra a realizar (...)*", que se vai refletir na função institucional da Polícia Judiciária, concentrada na atividade de investigação criminal, mas entendida como uma função essencial à jurisdição penal.

4.2 Órgão e procedimento jurídico-processuais

1. Ao falar da instituição como ideia de obra a realizar, Maurice Hauriou observa que "para a realização dessa ideia, organiza-se um poder que lhe confere órgãos". Mas a instituição jurídica não depende apenas de órgãos; depende também de procedimentos. Jean-Louis Bergel explica-nos que as instituições jurídicas são "conjunto de regras de direito organizadas em torno de uma ideia central, que forma um todo sistematicamente ordenado e permanente".[100] É comum, nesse sentido, distinguirem-se instituição-organismo e instituição-mecanismo, mas, bem vistas as coisas, essas espécies apenas podem representar aspectos do conjunto de regras de direito que concernem a uma instituição jurídica, a exemplo do que temos na instituição Polícia Judiciária.

A instituição jurídica é, nesse sentido, um complexo de regras que se destina a tratar de um conjunto de situações jurídicas, segundo

---

[99] HAURIOU, M. *Teoria da instituição e da fundação*, 2009, p. 21: "Os elementos de toda instituição corporativa são, como sabemos, em número de três: 1º a ideia da obra a realizar num grupo social; 2º o poder organizado posto a serviço dessa ideia para sua realização; 3º as manifestações de comunhão que ocorrem no grupo social a respeito da ideia e de sua realização".

[100] BERGEL, J.-L. *Teoria geral do direito*, 2001, p. 229.

uma certa finalidade. E essas regras se referem tanto a órgãos que se estruturam em torno de competências a serem realizadas quantos a procedimentos, mas tudo segundo uma ideia que congrega o conjunto normativo que compõe o complexo do que é a instituição como um todo estruturado juridicamente.

2. Assim, é preciso entender que a Polícia Judiciária, como instituição jurídica que se funda na história da cultura ocidental e persiste em vários sistemas contemporâneos, se corporifica por órgãos específicos – no Brasil, representados pelas Polícias Civis dos Estados e Distrito Federal e pela Polícia Federal – e exerce sua atividade por procedimento processual próprio – o inquérito policial como instrumento que tem como conteúdo a investigação criminal, sendo esta uma função essencial à jurisdição penal.

É em torno dessa ideia de instituição, com sua função específica, seus órgãos e procedimentos, que o Direito de Polícia Judiciária se deve constituir com seus princípios próprios.

PARTE II

DIREITO DE POLÍCIA JUDICIÁRIA

> *Nella logica dello stato di diritto le funzioni di polizia dovrebbero essere limitate a ter sole attivitá: le attività investigativa in ordine ai reati e agli illeciti amministrativi, le attività di prevenzione degli uni e degli altri e quelle esecutive ed ausiliarie rispetto aal giurisdizione e all'amministrazione. Nessuna di queste attività dovrebbe comportare l'esercizio di autonomia poteri sulle libertà civili e sugli altri diritti fondamentali. Le diverse competenze, infine, dovrebbero essese affidate a corpi di polizia tra loro separati ed organizzati alle dipendenze, non solo funzionali ma anche gerarchiche e amministrative, dei diversi poteri di cui sono ausiliari. In particulare la polizia giudiziaria, deputata all'investigazione dei reati e all'esecuzione dei provedimenti giudiziari, dovrebbe essere separata rigidamente dagli altri corpi d polizia e dotata, rispetto all'esecutivo, delle medesime garanzie d'independenza che assistono il potere giudiziario da cui dovrebbe, exclusivamente, dipendere.*
> (Luigi Ferrajoli, *Diritto e ragione*: teoria del garantismo penale, 2008a, p. 800).

CAPÍTULO 1

A DOUTRINA JURÍDICA DA POLÍCIA JUDICIÁRIA

O Direito de Polícia Judiciária sofre dos mesmos problemas que o Direito Geral de Polícia – a "negligência intelectual" da doutrina jurídica em geral, vindo ainda acrescido, no Brasil, de uma incerteza acerca de seu regime jurídico, o que decorre de uma confusão conceitual entre instituição e função, órgão e procedimento, cujas distinções nunca foram muito bem enfrentadas pela ciência jurídica nacional.

Luigi Ferrajoli, ao tratar do subsistema penal de polícia dentro do sistema jurídico-penal, observa que ele tem disso considerado um direito inferior ou quase um não direito, tendo em conta ser um setor negligenciado academicamente pela dogmática jurídica, o que representa uma esquizofrenia da ciência jurídica.[101]

Miguel Pizarro, nesse mesmo sentido, também observa que o estudo das questões jurídicas atinentes à polícia foi por muito tempo lamentavelmente subestimado, não se tendo percebido a polícia como uma das mais importantes manifestações do direito público moderno. E, com essas considerações, sustenta a necessidade de reabilitar o estudo da polícia, não mais como capítulo incidental do Direito Administrativo, mas como ramo autônomo da ciência jurídica, com princípios próprios e problemas bem específicos.[102]

---

[101] Cf. FERRAJOLI, L. *Direito e razão*, 2002, p. 616 ss.: "O direito de polícia, porque direito inferior, ou pior, não direito, representa, talvez, o setor mais negligenciado dos estudos acadêmicos. Manifesta-se, todavia, nesta matéria, uma espécie de esquizofrenia da ciência jurídica: tão atenta aos limites entre direito penal e administrativo, com respeito às contravenções e aos outros delitos de bagatela e, até mesmo, virtuosamente preocupada com as possíveis diminuições de garantias que se seguem à despenalização, quanto desatenta ou não responsabilizada com respeito ao grande universo das medidas policialescas e administrativas restritivas de liberdade pessoal".

[102] LLERAS PIZARRO, M. *Derecho de Policía*, 2009, p. 19 ss.: "*El estudio de las cuestiones atinentes a la policía ha sido por mucho tiempo lamentablemente subestimado. Nuestros profesores u nuestros juristas, a la*

Essa mesma necessidade se observa igualmente em relação ao Direito de Polícia Judiciária especificamente, a considerar a relevância de suas questões jurídicas para a consolidação do devido processo penal de um Estado (Constitucional e Democrático) de Direito.

1.1 As razões da negligência intelectual

1. As razões dessa negligência intelectual, que não é apenas e especificamente jurídica, mas antes política e também sociológica, se podem identificar também no Direito de Polícia Judiciária. Elas decorrem em grande medida da natureza de seu objeto ou, mais especificamente, dos sujeitos com que o Direito de Polícia lida. Luigi Ferrajoli considera que três razões são fundamentais a compreensão dessa negligência.[103]

Existe, primeiro, uma "bizarra hierarquia nobiliárquica estabelecida a partir do direito romano entre as diversas ordens e ramos dos estudos jurídicos", nos quais se punha acima de todos o direito civil, ao que se seguia o direito público em geral e o penal por fim, para somente então se tratar do direito de polícia em sua praxe. As universidades persistem reproduzindo essa história, ao privilegiarem certas disciplinas em detrimento de outras, não dando qualquer atenção ao Direito de Polícia no Brasil. Há, nessa razão, uma contradição, que nos encaminha à próxima, pois quanto mais se torna difícil justificar a legitimação do direito, como se observa no Direito de Polícia, parece haver menor empenho em seu estudo e reflexão pela ciência jurídica.

Em segundo lugar, portanto, parece haver uma consciência sobre essa dificuldade que decorre da natureza da polícia e seus atos, pois estes parecem resistir a uma fácil conformação aos postulados do Estado de Direito, a deixar mais evidente a falta de efetividade de muitos princípios jurídicos. De fato, o Direito de Polícia encontra uma maior dificuldade de estruturar-se segundo as formas constitucionais do Estado de Direito – em conformidade com a divisão do poder e a inviolabilidade dos direitos fundamentais – e suas doutrinas liberais e

---

par con sus colegas extranjeros, alimentan siempre un concepto muy simplista de la policía. Se la consideraba como una de las manifestaciones menos importantes de la coerción del Estado, personificada en gendarmes mal instruidos y peor educados, cuyas intervenciones resultaban siempre desagradables".

[103] FERRAJOLI, L. *Direito e razão*, 2002, p. 800 ss.

democráticas que se encontram nos fundamentos do Estado moderno, expondo a inefetividade prática do seu arcabouço teórico.

Essa preterição ao Direito de Polícia se erige, por fim, numa terceira razão – embora não seja consciente e deliberada –, mas que ao final implica em uma espécie de "tratamento de classe" que subsiste na cultura jurídica: porque as medidas de polícia, sobretudo as de prevenção e ordem pública, estão orientadas a uma classe mais marginalizada, não se destinando geralmente aos que não detêm poder, sua disciplina jurídica acaba não interessando seriamente aos estudos da ciência jurídica.

2. Não é, portanto, de estranhar-se que o Direito de Polícia Judiciária, tomando essa terceira razão da negligência geral da doutrina, também se tenha deixado de lado na discussão jurídica mais detida, não apenas no Brasil, mas igualmente em vários outros países. Associada a uma função estatal que dificilmente alcançava classes proeminentes da sociedade, a investigação criminal que se desenvolve no inquérito policial sempre esteve reduzida a "mera peça de informação" que "não gera qualquer nulidade no processo", sem maiores discussões jurídicas sobre sua competência, limites e efeitos.[104] Essa é a principal linha de interpretação contida na doutrina processual penal brasileira que por décadas dominou as faculdades de direito e ainda tem orientado cursos preparatórios de concursos jurídicos em todo o país, contribuindo para uma esquizofrenia dogmática que apenas aproveitava a certos setores da sociedade, deixando questões jurídicas sérias à revelia de uma maior discussão científica.

Ainda que possamos encontrar referências difusas a um "*diritto processuale di polizia*",[105] que concerne ao âmbito de "atos de Polícia Judiciária", relativos à função da Polícia Judiciária no processo penal, o certo é que o Direito de Polícia Judiciária é quase que absolutamente negligenciado, com raríssimas exceções que se podem encontrar em alguns tratados gerais, nos quais, contudo, ainda subsiste incerto o regime jurídico da Polícia Judiciária, que permanece em um estágio de insuficiente doutrina.

---

[104] Cf. nesse sentido, por todos que ainda persistem nessa doutrina, TOURINHO FILHO, F. C. *Processo Penal*, V. 1. 2002, p. 177 ss., por todos que ainda persistem nessa doutrina.
[105] FERRAJOLI, L. *Diritto e ragione*, 2008a, p. 824 ss.

1.2 Exceções da doutrina jurídica estrangeira

1. As poucas obras que se encontram sobre o Direito de Polícia em geral, especialmente estrangeiras, com algumas poucas ressalvas, quase não conseguem identificar o que há de especialmente relevante no ramo de um Direito de Polícia Judiciária, limitando a tratar da polícia administrativa e de seus diversos ramos possíveis de aplicação.[106] Muitas não levam a sério a questão fundamental que é posta pela legislação francesa pós-revolucionária ao postular a divisão da polícia em administrativa e judiciária, como uma continuidade da ideia geral de divisão do poder. Essa, contudo, nos parece ser a principal linha de interpretação com que devemos perscrutar a questão fundamental do Direito de Polícia Judiciária, que vem na doutrina processual penal brasileira bem compreendida por Hélio Tornaghi, para quem "a divisão dos poderes ocorreu para demarcar os campos da justiça e da polícia, e dentro desta, permitiu distinguir a administrativa da judiciária".[107]

Giuseppe Tamburro, embora muito comedidamente, observa que, sendo o nascimento da Polícia correlativo ao nascimento do Estado, o seu direito deveria igualmente seguir-se ao direito do Estado, segundo as suas diretrizes de disciplina dos direitos de liberdade do indivíduo. Em seu estudo sobre o Direito de Polícia na época fascista, encontram-se tentativas de distinguir a polícia de segurança da Polícia Judiciária, a partir da distinção entre administração e jurisdição, entre ordenamento jurídico de polícia e ordenamento jurídico penal. Mas, conquanto tente falar da Polícia Judiciária, o autor parece empurrar a disciplina de seus atos para outro ramo jurídico que não o Direito de Polícia, deixando-o entregue ao Direito do Processo Penal, no qual, contudo, o Direito de Polícia Judiciária acaba não alcançando sua devida atenção necessária, embora na prática disponha de tantos direitos fundamentais.[108]

Miguel Lleras Pizarro, por sua vez, embora enfrente o tema da Polícia Judiciária mais expressamente, deixa-a deliberadamente de fora de seu *Derecho de Policía*, mesmo tendo uma perspectiva metodológica da disciplina – organizado em torno dos direitos e

---

[106] A exemplo de GOENAGA, M. *Lecciones de derecho de policía*, 1983; SALAZAR CULI, F. *Derecho de Policía. Policía administrativa*, 1942.
[107] TORNAGHI, H. *Instituições de processo penal*, v. 2, 1977b, p. 200.
[108] TAMBURRO, G. *Il diritto di polizia*: La polizia amministrativa e la polizia di sicurezza nella legislazione fascista, 1938, p. 52 ss.

liberdades fundamentais em relação com a atividade policial – que poderia incluir a Polícia Judiciária em sua compreensão. Esse autor principia com uma distinção entre *regime de fato*, *regime de direito* e *regime de polícia*, como em geral é sustentada por tratadistas de Direito Público. No *regime de fato*, prevalece a lei do mais forte. No *regime de direito*, prevalece a lei de garantia de direitos, estando os cidadãos apenas submetidos às sanções por violação das normas. É somente no *regime de polícia* que se admitem limitações preventivas dos direitos. Contudo, observa o autor muito atentamente que o regime de polícia é uma consequência do direito, já que sua existência não pode conceber-se independentemente, nem se pode imaginar uma organização social submetida exclusivamente ao regime de polícia, pois a prevenção é uma situação excepcional, que se justifica por razões de convivência social orientada a facilitar a mais perfeita realização do direito. O autor tem, assim, em vista a função preventiva da polícia. É um Direito de Polícia voltado essencialmente à polícia de segurança pública.[109] Para Miguel Pizarro, portanto, há um equívoco em falar de polícia com função repressiva, como atividade desenvolvida após a comissão de um delito, orientada a buscar, capturar e conduzir aos tribunais os supostos responsáveis. Estas operações de colaboração na repressão penal não são características da polícia nem lhe são próprias.[110] A ideia de uma Polícia Judiciária, assim, decorre do fato de que tais operações são desempenhadas na Colômbia pelo mesmo corpo de polícia, em função de órgão judiciário; trata-se, em suma, de funções judiciais – é a sua tese fundamental, à qual temos de conferir razão, embora devamos ponderar algumas questões.

Manuel Monteiro Guedes Valente, em sentido inverso, sustenta uma *Teoria Geral do Direito Policial* que pretende abranger atos que concernem à atividade de Polícia Judiciária, incluindo expressamente capítulo sobre a investigação criminal.[111] A concepção teórica do autor se deve compreender no quadro do regime jurídico da investigação criminal em Portugal, onde todas as polícias são chamadas a participar da função de Polícia Judiciária sob o título de "órgãos de polícia criminal", entre os quais se encontram não apenas a Polícia Judiciária e a polícia de segurança, mas outros tantos órgãos administrativos que estão autorizados a exercer essa função de apoio ao processo penal,

---

[109] LLERAS PIZARRO, M. *Derecho de Policía*, 2009, p. 33 ss.
[110] LLERAS PIZARRO, M. *Derecho de Policía*, 2009, p. 37 ss.
[111] GUEDES VALENTE, M. M. *Teoria Geral do Direito Policial*, 2014.

segundo uma distinção de competências genéricas e específicas.[112] O autor considera que a função dos órgãos de polícia criminal, cujo sentido se remete à Polícia Judiciária, "se distingue da polícia em sentido administrativo pela própria natureza das medidas que aplica em uma e em outras circunstâncias congregadoras". Por estarem as polícias portuguesas em função da administrativa da justiça penal na dependência da autoridade judiciária, é, portanto, "por meio desta coadjuvação que a Polícia Judiciária ou criminal desenvolve a função".[113] Nesse quadro jurídico, portanto, em que a função de Polícia Judiciária é exercida na dependência de uma autoridade judiciária, não como função autônoma da polícia, é acertado tratar do Direito de Polícia Judiciária como capítulo do Direito Geral de Polícia, não havendo razão para deixá-lo de fora como o pretendia Miguel Lleras Pizarro, embora tenha admitido o mesmo princípio orientador que Manuel Monteiro Guedes Valente.

2. Certo é que, mesmo nessa linha de compreensão da função de Polícia Judiciária como competência que se exerce na dependência da autoridade judiciária, como acontece igualmente na Itália, podemos encontrar disciplina específica sobre "Direito de Polícia Judiciária", destacada do Direito de Polícia Geral, mas já aqui como uma questão de autonomia metodológica da disciplina, sem correspondência com uma teoria autônoma da Polícia Judiciária.

Vitor Ingletti, por exemplo, nesse sentido, dispõe em seu *Diritto de polizia giudiziaria* de toda a disciplina que concerne à atividade da Polícia Judiciária no âmbito do processo penal, mas o faz de uma perspectiva limitada que nada agrega cientificamente à construção de uma disciplina jurídica específica. Ele apenas trata dos atos que concernem a essa atividade, apresentando toda a disciplina jurídica – penal e processual penal – que concorre ao Direito de Polícia, mas nada acrescendo que a constitua como disciplina autônoma.[114] Em suma, diversamente de Manual Valente, o autor italiano se limita a compilar todo o direito que se pode exigir na atividade de Polícia Judiciária, que se exerce por órgãos gerais de polícia, o que efetivamente em nada concorre à afirmação científica desse ramo do direito.

---

[112] GUEDES VALENTE, M. M. *Teoria Geral do Direito Policial*, 2014, p. 439 ss.
[113] GUEDES VALENTE, M. M. *Teoria Geral do Direito Policial*, 2014, p. 70.
[114] INGLETTI, V. *Diritto di polizia giudiziaria*, 2015.

3. A possibilidade de um Direito de Polícia Judiciária está, em todo caso, portanto, a depender de que possamos compreender questões jurídicas específicas que exsurgem desse âmbito de problemas e os princípios gerais que lhe devemos aplicar. O mais importante a entender é que, em qualquer caso, como um campo disciplinar da ciência jurídica, quer se trate de um capítulo do Direito Geral de Polícia, quer se trate de disciplina autônoma, teremos questões relativas à (i) unificação ou diversificação de funções e órgãos; (ii) sua competência exclusiva ou concorrente para as funções de investigação; (iii) sua relativa ou absoluta autonomia quanto aos demais órgãos estatais; (iv) sua forma de controles interno e externo de sua organização e funcionamento; e sobretudo (v) questões relativas aos limites de sua atividade, com respeito a restrições aos direitos fundamentais.

Mas, tendo em conta essa diversidade de questões, estabelecer o seu regime jurídico nacional é, nesse sentido, o primeiro passo, próprio de uma introdução, para que possamos entender de que se trata quando falamos de Direito de Polícia Judiciária. E quanto a isso, observamos que subsiste na doutrina jurídica nacional uma incerteza.

1.3 A incerteza jurídica da dogmática nacional

1. A Polícia Judiciária é uma instituição jurídica, cujo direito é quase que completamente ignorado pela ciência jurídica nacional, onde quer que procuremos pelo seu regime jurídico.

Mesmo após as expressas disposições constitucionais sobre a Polícia Judiciária (CRFB 1988, art. 144), os constitucionalistas não têm enfrentado o que há de fundamental ao devido processo do Estado de Direito na disciplina constitucional da Polícia Judiciária. Posta entre as disposições sobre a defesa do Estado e das instituições democráticas, a Polícia Judiciária acaba perdendo-se na disciplina de "organização da segurança pública", sem que os constitucionalistas lhe tenham dado maior atenção e conseguido distinguir o que há de específico nessa instituição. José Afonso da Silva, por exemplo, chega a considerar que numa distinção entre polícia administrativa e de segurança, a Polícia Judiciária estaria contida nesta juntamente com a polícia ostensiva, embora reafirme que ela tem por objetivo precisamente a investigação criminal.[115] Essa mesma doutrina vem

---

[115] AFONSO DA SILVA, J. *Curso de Direito Constitucional Positivo*, 2017, p. 791 ss.

repetida por Uadi Lammêgo Bulos,[116] sem buscar tentar entender qualquer sentido de uma distinção constitucional fundamental, que podemos encontrar na histórica das instituições jurídico-processuais penais.

No campo do processo penal, embora o Código de Processo Penal concentre toda a disciplina jurídica do instrumento da Polícia Judiciária, é ainda persistente a doutrina jurídica processual que tem afirmado a natureza jurídica administrativa e pré-processual do inquérito policial.[117] O equívoco de todas essas doutrinas tem sido o mesmo de sempre: ao confundirem a estrutura administrativa do órgão que desenvolve a função processual de investigação criminal, insistem cegamente em considerar o inquérito policial como instrumento administrativo, remetendo a sua disciplina ao Direito Administrativo. Assim, alguns se limitam a tratar da Polícia Judiciária, em poucas páginas introdutórias do inquérito policial, mas não se dão conta de que acabam por esgotar em suas páginas processuais penais a disciplina do inquérito policial, que a cada dia tem produzido mais provas não repetíveis e completamente assimiladas pela motivação da sentença penal.

O problema é que, indo aos manuais e tratados de Direito Administrativo, embora os processualistas penais remetam a disciplina da Polícia Judiciária a esse ramo jurídico, nada se encontra além da mesma contrarremissão a outro ramo jurídico – o Direito Processual Penal. Repetindo a mesma argumentação que encontramos em tratados gerais de Direito de Polícia, os administrativistas brasileiros acabam reconhecendo o seguinte: "A importância da distinção entre polícia administrativa e Polícia Judiciária está em que a segunda rege-se na conformidade da legislação processual penal e a primeira pelas normas administrativas".[118]

É como se ninguém quisesse se debruçar sobre o Direito de Polícia Judiciária, como se os direitos fundamentais aqui dispostos não tivessem tanto interesse da doutrina a ponto de justificar um mais detido tratamento dogmático. Mas essa situação decorre mesmo é de uma incompreensão jurídico-científica sobre a matéria de Polícia Judiciária.

---

[116] BULOS, U. L. *Curso de Direito Constitucional*, 2015, p. 1460.

[117] Nesse sentido, cf. TOURINHO FILHO, F. C. *Manual de Processo Penal*, 2009, p. 73: "o inquérito policial tem natureza administrativa", seguido por FEITOZA, D. *Direito Processual Penal*, 2008, p. 162; NICOLITT, A. *Manual de Processo penal*, 2014, p. 179; LOPES JR., A. *Direito Processual Penal*, 2015, p. 116; BADARÓ, G. H. *Processo Penal*, 2015, p. 116.

[118] BANDEIRA DE MELLO, C. A. *Curso de Direito Administrativo*, 2007, p. 801.

Em razão da confusão entre a estrutura orgânico-administrativa da Polícia Judiciária – que nesse aspecto não difere de qualquer outro órgão estatal de todos os outros poderes, visto se organizarem administrativamente em sentido subjetivo – e suas funções processuais penais do inquérito policial – que resulta do caráter probatório da investigação criminal –, a doutrina não consegue se decidir sobre a natureza jurídica da Polícia Judiciária, numa profunda confusão entre órgão, procedimento e função.

Assim, a considerar que sequer consegue a doutrina decidir-se no âmbito do direito nacional, é até compreensível que não se tenham dado conta da expansão internacionalista do direito que, em virtude do fenômeno da globalização e da criminalidade organizada transnacional, vem implementando a função de Polícia Judiciária em âmbito internacional. Nesse sentido, portanto, nenhuma ou pouca referência a temas relativos à Polícia Judiciária se vai encontrar em manuais de Direito Internacional, tudo estando ao final a exigir e justificar o estabelecimento científico dessa disciplina jurídica.

1.4 Exceções da doutrina jurídica nacional

1. Apesar da crescente produção normativa (legal, jurisprudencial e administrativa), que vamos observar adiante, bem como das questões jurídicas diversas que a Polícia Judiciária suscita, é, portanto, ainda parca a produção acerca do Direito de Polícia Judiciária no Brasil, embora possamos encontrar em doutrinas processuais penais mais antigas alguns esboços do que possa vir a tornar-se um ramo da ciência jurídica, bem como alguns novos doutrinadores que em monografias têm enfrentado essas questões, razão por que constituem os pontos de referência necessários para a constituição científica do Direito de Polícia Judiciária no Brasil.

A primeira referência necessária se encontra em processualistas penais antigos que entendiam a função jurídico-processual do inquérito. Assim, nesse sentido, encontramos a obra *Processo Criminal Braziliero* (1920) de João Mendes de Almeida Júnior; *A contrariedade na instrução criminal* (1937) de Joaquim Canuto Mendes de Almeida; e *Instituições de Processo Penal* (1977) de Hélio Tornaghi.

João Mendes de Almeida Júnior, falando de "Systema de actos policiaes do processo criminal", observa que quatros são as teorias possíveis – sistema político, sistema jurídico, sistema eclético e sistema histórico, tendo o nosso direito assumido o sistema jurídico desde a legislação de 1871 (precisamente com o Decreto 2.033), pela qual a polícia se distingue em administrativa e judiciária, ficando dependente de autorização judicial para atos não urgentes de investigação.[119]

Joaquim Canuto Mendes de Almeida, por sua vez, enfatizando o papel do inquérito policial no sistema processual, para além de sua "função preparatória", vai insistir na sua "função preservadora da justiça contra acusações infundadas", o que vai exigir alguma contrariedade na investigação criminal sempre que resulte em alguma instrução criminal.[120]

Hélio Tornaghi, por fim, explica-nos que, "se organicamente a Polícia Judiciária entronca na máquina administrativa do Estado, funcionalmente ela se liga ao aparelho judiciário", para concluir que "não há nenhuma subordinação hierárquica, disciplinar, entre Polícia Judiciária e o Poder Judiciário ou mesmo o Ministério Público, mas apenas interdependência funcional".[121]

2. Entretanto, apesar desses primeiros esboços que encontramos em obras gerais, ocupa um lugar de relevo quase fundante do Direito de Polícia Judiciária no Brasil a obra *Fundamentos de Polícia Judiciária* (1982), que se debruça mais especificamente na problemática jurídica desse ramo do direito. Destacando-se das amplas e repetidas listas de meros manuais de Polícia Judiciária, que ainda atualmente podemos encontrar, limitados à prática de Polícia Judiciária, José Armando da Costa teoriza o que talvez venha a ser a primeira verdadeira doutrina jurídica de Polícia Judiciária, embora ainda se mantenha numa teoria administrativista, postulando repercussões jurisdicionais dos atos de Polícia Judiciária.

Distinguindo entre atos de Polícia Judiciária em geral e atos de Polícia Judiciária em espécie, o autor nos oferece uma primeira tentativa dogmática de Direito de Polícia Judiciária. Entre os primeiros, sustentando-se num discurso administrativista, trata de discricionariedade e autoexecutoriedade dos atos de Polícia Judiciária, embora não descuide do tema das nulidades. Entre os segundos, já situado no âmbito processual penal, trata de todo o procedimento de inquérito policial e seus atos de obtenção de provas, chegando a

---

[119] ALMEIDA JR., J. M. *Processo Criminal Brazileiro*, 1920, p. 270 ss.
[120] MENDES DE ALMEIDA, J. C. *A contrariedade na instrução criminal*, 1937, p. 10 ss.; p. 78 ss.; p. 99 ss.
[121] TORNAGHI, H. *Instituições de Processo Penal*, v. 2, 1977b, p. 197 ss.

observar a existência de incidentes procedimentais como restituição de coisas apreendidas e prestação de fiança.[122]

3. Entre os novos doutrinadores, que inauguram uma compreensão jurídica mais coerente com o direito do século XXI, ocupam lugar de relevo na história do Direito de Polícia Judiciária, as monografias de Marta Saad, *O direito de defesa no inquérito policial* (2004), e José Pedro Zaccariotto, *A Polícia Judiciária no Estado Democrático* (2005).

Marta Saad, partindo de uma antiga discussão jurídica entre Joaquim Canuto Mendes de Almeida e José Frederico Marques acerca da possibilidade de defesa na fase preliminar do processo penal, reafirma a "inafastabilidade da persecução penal preliminar ou prévia", distinguindo entre sua função preservadora e função preparatória, avançando para demonstrar formas de "concretização do exercício endógeno do direito de defesa no inquérito policial". Esse estudo alcança sua máxima importância ao distinguir no conjunto dos atos de inquérito policial, atos de investigação e atos de instrução, bem como especificar entre esses últimos os que tem caráter repetível ou não, chamando ainda a atenção para o seu caráter cautelar instrumental relativamente a certos atos processuais penais.[123]

José Pedro Zaccariotto, por sua vez, considerando um equívoco constituinte a colocação da Polícia Judiciária no capítulo da "segurança pública", pugna por sua recolocação no capítulo das "funções essenciais à Justiça", defendendo sua efetiva incorporação ao mundo jurídico como uma questão de respeito à premissa constitucional. Conclui pela necessidade de "resgate da *função policial judiciária*, mal compreendida pelo constituinte de 1988, que em detrimento aos objetivos da justiça criminal, elencou-a, ao desabrigo de qualquer prudente reflexão jurídico-democrática, entre as atividades destinadas a sustentação da segurança pública.[124]

4. Há, por fim, um estudo nosso que fizemos juntamente com Sandro Lucio Dezan, *Investigação criminal conduzida por delegado de polícia*, no qual sustentávamos duas premissas fundamentais, que nos parecem exsurgir dessa renovada doutrina que vem tentando delimitar a disciplina que podemos chamar de Direito de Polícia

---

[122] COSTA, J. A. *Fundamentos de Polícia Judiciária*, 1982, p. 57 ss.; p. 111 ss.; p. 391 ss.
[123] SAAD, M. *O direito de defesa no inquérito policial*, 2004, p. 17 ss.; p. 21 ss.; p. 138 ss.; p. 269 ss.
[124] ZACCARIOTTO, J. P. *A Polícia Judiciária no Estado Democrático de Direito*, 2005, p. 182 ss.

Judiciária. Lá, já havíamos observado que é necessário entender-se "o inquérito policial como processo penal", partindo da ideia de que "está atualmente superada a antiga concepção que reduzia o processo penal ao juízo oral" (Enrique Bacigalupo, *El devido processo penal*), bem como compreender "a Polícia Judiciária como função essencial à justiça",[125] o que terá como consequência entender a Polícia Judiciária como sujeito processual, mesmo tendo um estatuto orgânico administrativo.

Essa concepção tem como pressuposto precisamente a compreensão da Polícia Judiciária como função essencial ao exercício da jurisdição penal, pois vai permitir entender que não é possível um devido processo penal sem uma devida investigação criminal que leve os princípios processuais a sério, especialmente o princípio da igualdade de armas, que deveria impedir a investigação direta pelo órgão oficial de acusação, exigindo um órgão específico de investigação criminal que seja um sujeito processual extrapartes – a Polícia Judiciária.

---

[125] PEREIRA, E. S.; DEZAN, S. L. *Investigação criminal conduzida por delegado de polícia*, 2013, p. 21 ss.; p. 27 ss.

CAPÍTULO 2

O ESTATUTO JURÍDICO DA POLÍCIA JUDICIÁRIA

2.1 A crescente produção normativa

1. O equívoco da doutrina foi e continua sendo tentar confinar a matéria de Polícia Judiciária em um ramo exclusivo do direito, sem entender que o direito que lhe corresponde possui dimensões constitucional, administrativa, processual e internacional, assim como outros tantos ramos jurídicos. Assim como acontece com o Direito de Família, o Direito Ambiental e o Direito Previdenciário, entre outros tantos que se podem identificar, o Direito de Polícia Judiciária se estrutura em torno do seu objeto com normas de naturezas diversas. E isso o demonstra a crescente produção normativa que, partindo de bases constitucionais mínimas, tem proliferado com normas administrativas e legais, bem como com jurisprudenciais que cada vez mais tratam de temas relativos à Polícia Judiciária.

2. Em *matéria constitucional*, além das normas contidas no art. 144 da CRFB, podemos atualmente encontrar jurisprudências que tratam de questões relativas à competência investigativa da Polícia Judiciária, bem como de sua estreita relação com direitos e garantias fundamentais, a exemplo das seguintes:

a) STF, RE 593.727-MG (14.05.2015): "(...) o Tribunal afirmou a tese de que o Ministério Público dispõe de competência para promover, por autoridade própria, e por prazo razoável, investigações de natureza penal, desde que respeitados os direitos e garantias que assistem a qualquer indiciado ou a qualquer pessoa sob investigação do Estado, observadas, sempre, por seus agentes, as hipóteses de reserva constitucional de jurisdição e, também, as prerrogativas profissionais de que se acham investidos, em nosso País, os Advogados (Lei nº 8.906/94, art. 7º, notadamente os incisos I, II, III, XI, XIII, XIV e XIX), sem prejuízo da possibilidade – sempre presente no Estado democrático de Direito – do permanente controle jurisdicional dos atos, necessariamente documentados (Súmula Vinculante nº 14), praticados pelos membros dessa Instituição".

b) STJ, HC 303494-SC (17.06.2015): "A Constituição da República diferencia as funções de Polícia Judiciária e de polícia investigativa, sendo que apenas a primeira foi conferida com exclusividade à polícia federal e à polícia civil".

3. *Em matéria administrativa*, além da Lei nº 12.830/2013 que, a título de dispor sobre "a investigação criminal conduzida pelo delegado de polícia", acaba por tratar de algumas garantias atribuídas à Polícia Judiciária, podemos encontrar resoluções de Conselhos que acabam disciplinando indiretamente a atividade de Polícia Judiciária, a exemplo das seguintes:

a) CNMP, Res. nº 20/2007, que a título de disciplinar no âmbito do Ministério Público, "o controle externo da atividade policial", acaba por entrar indiretamente na disciplina administrativa interna de funcionamento da Polícia Judiciária;

b) CJF, Res. nº 63/2009, que a título de dispor "sobre a tramitação direta dos inquéritos policiais entre a Polícia Federal e o Ministério Público Federal", acaba por estabelecer rotinas administrativas para a Polícia Judiciária federal, sob a argumentação de que estaria assegurando o sistema acusatório, entrando assim em matéria de natureza processual penal.

4. *Em matéria processual penal*, além das normas do Código de Processo Penal, podemos encontrar súmulas e leis que acabam disciplinando a atividade de Polícia Judiciária de forma cada vez mais detalhada, visando sempre a estabelecer limites que concernem à proteção de direitos fundamentais, a exemplo do seguinte:

a) Súmula Vinculante 14 (2009): "É direito do defensor, no interesse do representado, ter acesso amplo aos elementos de prova que, já documentados em procedimento investigatório realizado por órgão com competência de polícia judiciária, digam respeito ao exercício do direito de defesa";

b) Lei nº 12.850/2015: "Define organização criminosa e dispõe sobre a investigação criminal, os meios de obtenção da prova, infrações penais correlatas e o procedimento criminal; altera o Decreto-Lei nº

2.848, de 7 de dezembro de 1940 (Código Penal); revoga a Lei nº 9.034, de 3 de maio de 1995; e dá outras providências". Essa lei, a título de dispor do procedimento criminal e da investigação criminal, acaba se limitando a trazer normas quase que exclusivamente relativas à investigação criminal, não se dando conta de que é mesmo do processo penal que está tratando, embora de um "direito processual de polícia".

5. *Em matéria internacional*, por fim, podemos encontrar na disciplina normativa relativa à criminalidade organizada transnacional – especialmente na Convenção das Nações Unidas contra o Crime Organizado Transnacional (CNUCOT) – artigos que dizem respeito à atividade de Polícia Judiciária, a exemplo do seguinte:

a) CNUCOT, Art. 19. Investigações conjuntas: "Os Estados Partes considerarão a possibilidade de celebrar acordos ou protocolos bilaterais ou multilaterais em virtude dos quais, com respeito a matérias que sejam objeto de investigação, processos ou ações judiciais em um ou mais Estados, as autoridades competentes possam estabelecer órgãos mistos de investigação. Na ausência de tais acordos ou protocolos, poderá ser decidida casuisticamente a realização de investigações conjuntas. Os Estados Partes envolvidos agirão de modo a que a soberania do Estado Parte em cujo território decorra a investigação seja plenamente respeitada."

b) CNUCOT, Art. 20. Técnicas especiais de investigação: "1. Se os princípios fundamentais do seu ordenamento jurídico nacional o permitirem, cada Estado Parte, tendo em conta as suas possibilidades e em conformidade com as condições prescritas no seu direito interno, adotará as medidas necessárias para permitir o recurso apropriado a entregas vigiadas e, quando o considere adequado, o recurso a outras técnicas especiais de investigação, como a vigilância eletrônica ou outras formas de vigilância e as operações de infiltração, por parte das autoridades competentes no seu território, a fim de combater eficazmente a criminalidade organizada. 2. Para efeitos de investigações sobre as infrações previstas na presente Convenção, os Estados Partes são instados a celebrar, se necessário, acordos ou protocolos bilaterais ou multilaterais apropriados para recorrer às técnicas especiais de investigação, no âmbito da cooperação internacional. Estes acordos ou protocolos serão celebrados e aplicados sem prejuízo do princípio da igualdade soberana dos Estados e serão executados em estrita conformidade com as disposições neles contidas. 3. Na ausência dos acordos ou protocolos referidos no parágrafo 2 do presente Artigo, as decisões de recorrer a técnicas especiais de investigação a nível internacional serão tomadas casuisticamente e poderão, se necessário, ter em conta acordos ou protocolos financeiros relativos ao exercício de jurisdição pelos Estados Partes interessados. 4. As entregas vigiadas a que se tenha decidido recorrer a nível internacional poderão incluir, com o consentimento dos Estados Partes envolvidos, métodos como a intercepção de mercadorias e a autorização de prosseguir o seu encaminhamento, sem alteração ou após subtração ou substituição da totalidade ou de parte dessas mercadorias".

2.2 Dimensões dogmáticas jurídicas

1. O Direito de Polícia Judiciária, portanto, compreende, minimamente, disciplinas normativas constitucional, administrativa, processual e internacional, segundo as questões jurídicas que compõem seu *corpus iuris* específico.

A partir da compreensão da função da Polícia Judiciária, o *Direito Constitucional de Polícia Judiciária* deve tratar das relações constitucionais da Polícia Judiciária com os demais órgãos de poder e com a sociedade, o que remete a questões relativas ao seguinte:

a) Autonomia ou dependência dos poderes – trata da relação que a Polícia Judiciária deve ter com os poderes constitucionais clássicos, especificamente sobre sua maior ou menor dependência administrativa, financeira e funcional, ou sua autonomia relativamente a cada aspecto;

b) Controle externo monocrático ou democrático – trata dos mecanismos de controle externo monocrático ou democrático, conforme se atribua a um único órgão singular ou a um órgão colegiado com representação múltipla de setores da sociedade.

2. Tendo ainda em conta a função fundamental da Polícia Judiciária, o *Direito Administrativo de Polícia Judiciária* deve tratar do funcionamento interno da Polícia Judiciária como órgão estatal que requer uma estrutura administrativa pública, que se materializa com atos *interna corporis* necessários ao seu funcionamento e cumprimento de seus fins constitucionais. Aqui, podemos encontrar questões sobre:

a) Hierarquia administrativa vs. *autonomia funcional* – trata da disciplina jurídica das relações internas de poder com que a autoridade de Polícia Judiciária se depara, no exercício de sua autonomia funcional, em contraste com sua posição administrativa vinculada a uma estrutura hierarquicamente disposta;

b) Distribuição, avocação e redistribuição de inquéritos – trata da disciplina normativa de funcionamento da atividade principal de

Polícia Judiciária, precisamente no que se refere à forma de distribuição dos casos a investigar, tendo por objetivo evitar que interferência não apenas externas, mas também internas possam influenciar na condução e nos resultados das investigações;

c) *Responsabilidade do Estado por ato de Polícia Judiciária* – trata da disciplina normativa relativa a que título a autoridade de Polícia Judiciária deve responder por seus atos, se apenas por dolo ou também por culpa, bem como qual a responsabilidade do Estado, a considerar o impacto que os atos de Polícia Judiciária têm na vida particular das pessoas investigadas.

3. Tendo em conta a ideia de processo penal como procedimento probatório-criminal, em razão das provas que efetivamente se utilizam na motivação final da sentença penal, da qual não se podem excluir as provas irrepetíveis ainda que produzidas em inquérito policial, o *Direito Processual de Polícia Judiciária* deve tratar do seguinte:

a) *Do procedimento formal do inquérito policial* – relativamente aos diversos atos de Polícia Judiciária, visando a uma maior ou menor formalização de acordo com a gravidade das restrições a direitos fundamentais que decorre da investigação criminal;

b) *Dos atos probatórios do inquérito policial* – relativamente aos diversos meios de obtenção de prova que efetivamente se realizam no inquérito policial, distinguindo entre as provas repetíveis ou irrepetíveis, bem como definindo seu valor probatório real.

4. A considerar, por fim, as necessidades de investigação criminal em âmbito transnacional, que decorrem da realidade global do direito contemporâneo, o *Direito Internacional de Polícia Judiciária* deve tratar da atuação da Polícia Judiciária em contexto internacional de cooperação jurídica e policial, tendo como questões aquelas relativas às formas de obtenção de provas no exterior, bem como sua validade no sistema jurídico interno.

2.3 As questões jurídicas zetéticas[126]

1. A multiplicidade das dimensões jurídicas que devem interessar a uma dogmática do Direito de Polícia Judiciária pressupõe algumas

---

[126] Acerca da zetética jurídica e suas diferenças com a dogmática, cf. FERRAZ JR., T. S. *Introdução ao estudo do direito*, 2007, p. 39 ss.: "O zetético, (...), desintegra, dissolve as opiniões, pondo-as em dúvida. Questões zetéticas têm uma função especulativa explícita e são infinitas".

questões zetéticas fundamentais que se devem perscrutar, visando a especificar um modelo de Polícia Judiciária. A diversidade da experiência histórica e geográfica acerca da Polícia Judiciária, embora mantenha uma ideia geral em torno das funções investigativas, como o vimos, põe-nos questões que não podemos deixar de enfrentar, relativamente ao modelo de Polícia Judiciária a que devemos conferir essas funções e segundo que critérios de avaliação, em conformidade com uma teoria da Polícia Judiciária.

As questões que se apresentam podem ser resumidas a quatro pontos relativos ao seguinte: (i) monismo ou pluralismo da polícia, (ii) com centralização ou descentralização; (iii) tendo em conta limites de atuação relativamente aos direitos fundamentais; e (IV) garantias que se devem conferir às autoridades que exercem essa função.

Os diversos modelos que se encontram na experiência histórico-positiva acerca da Polícia Judiciária se podem reduzir inicialmente à questão da exclusividade ou não de uma polícia ter sob sua competência a função investigativa, ao que se segue, sendo o caso de escolher pela não exclusividade, estabelecer que polícias, ou mesmo que outros órgãos, poderiam assumir essa competência, tendo em conta que algumas competências se podem tornar incompatíveis com a mesma, segundo certos critérios de avaliação que se devem postular por qualquer teoria da Polícia Judiciária.

A respeito dessa primeira questão (i), Jean-Claude Monet, ao tratar de modelos monistas ou pluralistas, considera as possibilidades de uma ou mais polícias, divididas vertical ou horizontalmente.[127] Aqui, a questão que se tem é um problema de divisão ou não do poder para evitar o *abuso ativo de poder*. Quanto mais poder tiver um órgão policial, maior será sua capacidade de limitar direitos fundamentais. Essa questão está, portanto, intimamente relacionada à terceira questão (iii).

Questão diversa, embora ainda relacionada à anterior, concerne ao problema da autonomia ou subordinação da polícia relativamente ao poder político central (ii), a fim de decidir até que ponto um poder externo à polícia poderia influenciar na sua capacidade para responder aos imperativos legais sem interferência de natureza estranha à ordem jurídica.

---

[127] MONET, J.-C, *Polícias e sociedade na Europa*, 2002, p. 79 ss.

A esse respeito, Monet vai falar de centralização ou descentralização do comando no poder político, esforçando-se por tentar distingui-lo do problema da politização, em que o poder político teria a possibilidade de intervir na autonomia operacional final da polícia. Mas essa distinção não nos parece apropriada. Afinal, essa questão pode ficar obscurecida se não for considerada em conjunto com a autonomia financeira, que pode vir atrelada ao poder político e condicionar a capacidade operacional final da polícia. Aqui, a questão que se tem é um problema de garantias da autonomia funcional da polícia para evitar o *abuso omissivo de poder*. Quanto maior ingerência política houver sobre a polícia, menor será sua capacidade para cumprir suas funções sem distinções. Essa questão está, portanto, intimamente relacionada com a quarta questão (iv).

A primeira questão (i), portanto, a considerar o que ela implica, deverá ser enfrentada conjuntamente com a terceira questão (iii), visando a definir-se o quanto de disponibilidade deve ter a polícia em sua atuação, relativamente aos direitos fundamentais que se podem restringir. Aqui, os modelos podem oscilar entre uma disponibilidade direta de alguns ou quaisquer direitos, bem como uma disponibilidade indireta, passando necessariamente pela autoridade judiciária ou apenas pela autoridade policial superior. O comum é que a disponibilidade direta seja postulada em situações emergenciais, baseadas em discursos de exceção, mas em um Estado de Direito apenas a proteção imediata a um direito fundamental, em situação de prevenção, poderá justificar a disponibilidade de outro direito, mas não nas situações em que atua a Polícia Judiciária repressivamente.

A segunda questão (ii), por sua vez, a considerar tudo o quanto implica, deverá ser enfrentada conjuntamente com a quarta questão (iv), visando a definir-se que tipo de garantias se devem conferir à autoridade de Polícia Judiciária, tendo em conta as possibilidades de interferência não apenas do poder externo, especialmente o político, no interesse de burlar a expectativa de aplicação igual da lei, mas também do poder interno hierárquico que poderá igualmente interferir nas funções da Polícia Judiciária.

Aqui o que interessa é saber *como assegurar* que a Polícia Judiciária tenha capacidade para agir não apenas contra o cidadão comum, mas que qualquer outra pessoa se veja submetido à força da lei, em igualdade de condições, sem valer-se de uma qualquer interferência política que possa dificultar ou impedir o trabalho policial judiciário.

No conjunto, todas essas questões zetéticas se devem enfrentar na construção de qualquer modelo de Polícia Judiciária, mas cada solução nos vai exigir uma teoria da justiça na qual possamos fundamentar nossas escolhas. E é disso que se trata no capítulo seguinte a título de princípios de Direito de Polícia Judiciária. Esses princípios constituem os fundamentos de um Direito de Polícia Judiciária.

CAPÍTULO 3

OS PRINCÍPIOS DE DIREITO DE POLÍCIA JUDICIÁRIA

3.1 Os postulados fundamentais do Estado de Direito

1. As respostas às questões zetéticas suscitadas apenas se podem responder a partir dos critérios de justiça com que o Estado (Constitucional e Democrático) de Direito pretende legitimar o exercício dos seus poderes estatais (entre os quais se encontram o poder de Polícia Judiciária). Ainda que outros critérios possam ser postulados, a exemplo da maior eficiência da força policial, da redução da criminalidade ou, em última instância, da maior utilidade da maioria, esses somente podem ser admitidos sob a condição de que, antes e igualmente, atendam-se aqueles critérios fundamentais.

A essência do Estado de Direito encontra-se, antes, no requisito de vinculação à lei (legalidade material e processual), o que é um princípio formal dependente, contudo, do princípio substancial de proteção dos direitos fundamentais. Mas, precisamente no interesse dessa proteção, ao Estado de Direito estão associadas também a necessária divisão de poder punitivo, seguida da exigência de proporcionalidade em seu exercício.[128] Esses quatro elementos (formal, substancial, orgânico e procedimental) nos servem como critérios de justiça para avaliação das questões que concernem ao Direito de

---

[128] A respeito desses diversos elementos do Estado de Direito, cf. ZIPPELIUS, R. *Teoria geral do Estado*, 1997, p. 383-461; DORING, K. *Teoria do Estado*, 2008, p. 303-334; FLEINER-GERSTER, T. *Teoria geral do Estado*, 2006, p. 132 ss.; p. 472 ss.; p. 490 ss.; COSTA, P.; ZOLO, D. (Orgs.) *O Estado de Direito*: história, teoria, crítica, 2006, p. 3-94; BEATTY, D. *A essência do Estado de Direito*, 2014, p. 289 ss.; KRIELE, M. *Introdução à Teoria do estado*: os fundamentos históricos da legitimidade do Estado Constitucional Democrático, 2009, p. 169 ss.

Polícia Judiciária, podendo assumirem-se como princípios postulados do Estado de Direito.

É preciso, contudo, compreender esses critérios, segundo a especificidade constitucional e democrática desse Estado de Direito, ainda que se reconheça haver uma tensão entre constitucionalismo e democracia, em razão das relações conflituosas entre minoria e maioria.[129] Mas essa contradição se pode reduzir se tivermos em conta a concepção mais material que formal dessas ideias de justiça, a considerar a noção de democracia segundo a ideia de igualdade e controle democrático das instituições estatais,[130] visando sempre ao controle do poder que se exerce, o que é igualmente considerado a ideia mais persistente na histórica do constitucionalismo.[131]

Assim, necessário superar a concepção lógico-formal do constitucionalismo moderno, bem como a concepção quantitativo-procedimental da democracia, visando a colher as ideias fundamentais de governo limitado e de igualdade pela redução das relações hierárquicas de poder.[132] Constitucionalismo e democracia, nesse sentido, podem reconduzir-se a questão de formas de controle do poder da Polícia Judiciária, no quadro mais amplo das instituições político-constitucionais e jurídico-processuais.

2. Todos esses critérios de justiça, em suma, apesar de sua aparente diversidade, podem-se reconduzir àquela intuição fundamental da cultura jurídica ocidental, de que o jusnaturalismo constitui a fonte originária dessa tradição, que virá ressuscitada por Leo Strauss, para quem "o surgimento da ideia de direito natural pressupõe, portanto, que se duvida da autoridade", que terá de apresentar razões de suas opções práticas.[133]

Essa autoridade, confrontada em suas razões, se encontra não apenas nos poderes clássicos (legislativo, executivo e judiciário), mas em qualquer caso que crie possibilidades de abuso de poder, em

---

[129] Acerca dessa tensão, cf. MATTEUCCI, N. Costituzionalismo. In: BOBBIO, N.; MATTEUCCI, N. Il Dizionario di Politica, 2004, p. 210 ss.; BARROSO, L. R. Curso de Direito Constitucional Contemporâneo, 2009, p. 87 ss.

[130] Nesse sentido, cf. GOYARD-FABRE, S. O que é democracia?, 2003.

[131] Nesse sentido, cf. MCILYAN, C. H. Constitucionalismo antiguo y moderno, 1991.

[132] Cf., a respeito, GOYARD-FABRE, S. Fundamentos da ordem jurídica, 2007, p. 111-143; FERRAJOLI, L. Principia iuris: Teoria del diritto e della democrazia, v. 2, Teoria della democrazia, 2009, p. 5-157; GOYARD-FABRE, S. O que é democracia?, 2003; FIOROVANTI, M. Constitución: De la Antigüedad a nuestros días, 2001.

[133] STRAUSS, L. Direito natural e História, 2009.

detrimento do ser humano, como ocorrerá no exercício da autoridade de Polícia Judiciária, o que nos permite reconduzir igualmente todos os critérios a uma questão de proteção de direitos fundamentais. E veremos, ao final, que de fato podemos reinterpretar todas essas questões de Direito de Polícia Judiciária, a partir de uma teoria específica dos direitos fundamentais.

Os princípios que seguem, relativamente ao Direito de Polícia Judiciária, seguem aquela compreensão que Luigi Ferrajoli tem sobre o subsistema penal de polícia em geral, bem como da Polícia Judiciária em específico, sintetizada na seguinte passagem, já utilizada como epígrafe e aqui traduzida:

> Na lógica do Estado de direito, as funções de polícia deveriam ser limitadas a apenas três atividades: a atividade investigativa, com respeito aos crimes e aos ilícitos administrativos, a atividade de prevenção de uns e de outros, e aquelas executivas e auxiliares da jurisdição e da administração. Nenhuma destas atividades deveria comportar o exercício de poderes autônomos sobre as liberdades civis e sobre os outros direitos fundamentais. As diversas atribuições, por fim, deveriam estar destinadas a corpos de polícia separados entre eles e organizados de forma independente não apenas funcional, mas também, hierárquica e administrativamente dos diversos poderes aos quais auxiliam. Em particular, a polícia judiciária, destinada à investigação dos crimes e a execução dos provimentos jurisdicionais, deveria ser separada rigidamente dos outros corpos de polícia e dotada, em relação ao Executivo, das mesmas garantias de independência que são asseguradas ao Poder Judiciário do qual deveria, exclusivamente, depender.[134]

3.2 O princípio orgânico da divisão do poder punitivo

1. A primeira e mais fundamental questão que interessa à constituição de um Direito de Polícia Judiciária passa pela decisão entre monismo e pluralismo da polícia, o que se deve compreender à luz do princípio orgânico da divisão do poder, tendo em conta todos os problemas que suscita e pretende resolver na história das instituições político-constitucionais, mas que se deve estender à igual compreensão das instituições processuais penais.

Seria um equívoco teórico limitar a aplicação desse postulado aos poderes clássicos (executivo, legislativo e judiciário), sem compreender

---
[134] FERRAJOLI, L. *Direito e razão*: teoria do garantismo penal, 2002, p. 617.

o que disso deve resultar nas demais instituições que lhe estão atreladas, em especial todas aquelas que constituem o sistema de justiça criminal no interesse do poder punitivo. A divisão do poder, como teoria antes sociológica e política, que especificamente jurídica, se bem entendida, nos deve conduzir a entender que o problema da concentração do poder, onde quer que se possa encontrar, vai nos exigir uma solução similar à que encontramos da divisão clássica. Em termos foucaultianos, podemos realmente falar tanto em uma macrofísica, quanto em uma *microfísica do poder*.[135] E é como devemos entender o poder punitivo, nele pressuposto as funções legislativa, executiva e judiciária, assim como decomposto em funções de investigar, acusar e julgar.

2. A teoria da divisão do poder teve sua formulação clássica no Iluminismo, embora se possam encontrar outras formulações no sentido de uma mera divisão de tarefas.[136] Montesquieu parte do que considerava uma "experiência eterna" relativa ao poder, chegando à concepção que alcançou a natureza de paradigma do Estado de Direito. Em suas palavras: "A liberdade política só se encontra nos governos moderados. Mas ela nem sempre existe nos Estados moderados; só existe quando não se abusa do poder; mas trata-se de uma experiência eterna que todo homem que possui poder é levado a dele abusar. Ele vai até onde encontra limites. Quem diria! Até a virtude precisa de limites". E então conclui com sua fórmula clássica: *"Para que não se possa abusar do poder, é preciso que, pela disposição das coisas, o poder limite o poder".*[137] A divisão do poder, em Montesquieu, assume assim um sentido específico, pois "a liberdade dos cidadãos pode ser medida segundo o tipo de separação dos poderes do Estado em questão", tornando-se a teoria um postulado central de um Estado liberal, distinta de outras teorias da separação dos poderes.[138]

Essa teoria clássica da divisão do poder se pode entender como paradigma de controle do poder, pois em sua expressão mais ampla se trata de como se pode evitar, em uma comunidade organizada e dotada de força, uma perigosa concentração do poder com o excesso

---

[135] Cf. FOUCAULT, M. *Microfísica do poder*, 1979.

[136] Nesse sentido, FLEINER-GERSTER, *Teoria geral do Estado*, 2006, p. 475 ss., a falar de Aristóteles e de Locke; embora, na percepção de ZIPPELIUS, R. *Teoria geral do Estado*, 1997, p. 408: "Locke desconfiava também do poder legislativo, exigindo, em termos gerais, a separação dos poderes legislativo e executivo".

[137] MONTESQUIEU, *O Espírito das Leis*, (Livro XI, IV), [2005], p. 166.

[138] FLEINER-GERSTER, *Teoria Geral do Estado*, 2006, p. 479.

de dirigismo centralizado. Nesse sentido, a divisão pretende criar um sistema de exercício moderado e controlado do poder, através de repartição e coordenação de competências. Para além do problema clássico, portanto, pode-se postular um programa de controle do poder que ultrapassa o Estado, um poder que se pode encontrar dentro e fora dele, em forças sociais e sobretudo no cenário internacional.[139] Gomes Canotilho, nesse sentido, muito adequadamente, considera que a ideia de divisão de poderes constitui a dimensão objetiva de Estado de Direito, cuja dimensão subjetiva (dela indissociável) consiste na proteção dos direitos fundamentais,[140] ao que podemos acrescer aquela dimensão procedimental que postula uma proporcionalidade no exercício do poder. Mas essa divisão se deve entender em uma dupla perspectiva. Em sentido negativo, implica uma divisão como controle e limite. Em sentido positivo, implica "a organização do poder do Estado tendente a decisões funcionalmente eficazes e materialmente justas". Trata-se, em última análise, de mecanismos para assegurar que o Estado cumpra suas funções de forma justa, sem que se perca em abusos. A divisão de poderes é, assim, um princípio jurídico-organizatório, cuja relevância jurídico-constitucional reside na ordenação de funções como racionalização do poder estatal pelo controle recíproco do poder. O que se pretende, nesse sentido, não é tanto uma rígida separação orgânica, formalmente considerada, mas permitir que se chegue a uma justa decisão que legitima o exercício do poder.

Reihold Zippelius também considera que o importante da divisão dos poderes não é tanto seguir uma separação tradicional que implique uma rígida distinção de funções respectivamente atribuídas a um determinado órgão, como o pretende a clássica divisão do poder. Afinal, a distinção clássica entre legislação, administração e jurisdição tem pedido atualmente que se distinga ainda o governo; ademais, tem sido mesmo difícil impedir que sempre uma mesma função seja exercida por um mesmo órgão.[141] O mais importante, nesse sentido, tem sido aquilo que se considera um princípio por

---

[139] ZIPPELIUS, R. *Teoria geral do Estado*, 1997, p. 401. Na linha dessa concepção mais abrangente, FLEINER-GERSTER, *Teoria geral do Estado*, 2006, p. 483-485, observa que "a ideia fundamental de uma autêntica separação dos poderes deve provavelmente ser introduzia na própria administração", pois "a maior parte das doutrinas perdeu de vista o fato de que, ao lado de um governo politicamente responsável, um aparelho administrativo poderia se edificar, ter vida própria e restringir sutilmente a liberdade e a independência do cidadão, sem que este se aperceba desse fato".

[140] GOMES CANOTILHO, J. J. *Direito Constitucional e Teoria da constituição*, 2003, p. 250 ss.

[141] ZIPPELIUS, R. *Teoria Geral do Estado*, 1997, p. 412 ss.

"distribuição de funções organicamente adequada", pois há funções que correspondem a órgãos que foram instituídos para cumprir certos fins, o que se justifica por suas aptidões funcionais.[142] E nesse ponto, estamos a nos aproximar de uma perspectiva que interessa às questões zetéticas fundamentais do Direito de Polícia Judiciária, afinal deve haver algum sentido em ter-se criado historicamente uma instituição para o fim específico de investigação criminal, distinta não apenas da polícia de prevenção, mas também do órgão oficial de acusação penal.

3. O que nos interessa entender acerca da divisão do poder no âmbito das questões relativas ao Direito de Polícia Judiciária é que o poder estatal – para além das funções legislativa, executiva e judiciária, com que a teoria clássica divide o poder – se pode entender segundo determinadas tarefas que assume no curso da história. Entre elas, uma das mais uniformes, que se encontra em toda a parte, é a atividade punitiva, cujo exercício depende da coordenação das funções clássicas. Ao conjunto dessas funções se pode chamar de "poder punitivo" do Estado em uma perspectiva macrofísica. É certo que, na perspectiva do cidadão que sente a ação dessa atividade, não importa se essas funções estão divididas entre vários órgãos, pois ele o sente ao final como toda carga potestativa, no exercício prático do poder, embora de fato esse poder se exerça segundo precondições legislativas, por ações materiais administrativas e decisões jurisdicionais processualmente controladas. O poder punitivo do Estado, nesse sentido, envolve um conjunto de atos legislativos, administrativos e jurisdicionais, que partem da obrigação de proteção de bens jurídicos tutelados penalmente, mas que se desenvolvem com respeito a outros direitos no curso de um processo penal. O que interessa, portanto, ao cidadão em última consideração é como esse poder se exerce relativamente aos seus direitos fundamentais na prática punitiva do sistema de justiça penal.

O processo penal é, nesse contexto, o cenário em que o poder punitivo se desenvolve, revelando a forma de seu exercício relativamente aos direitos fundamentais. É, assim, irrecusável fazer uma leitura do processo penal segundo as formas de divisão do poder punitivo em ação. É preciso entender que abaixo dos poderes clássicos, ou mesmo no interior desses poderes, existe uma microfísica

---

[142] ZIPPELIUS, R. *Teoria Geral do Estado*, 1997, p. 411 ss.

do poder que nos exige pensar melhor na divisão do poder punitivo exercido processualmente. Trata-se de uma divisão intraprocessual do poder punitivo relativamente aos diversos sujeitos processuais.

A respeito disso, portanto, a instituição da Polícia Judiciária postula duas divisões de poder em dois níveis, uma antes e exterior ao plano do processo penal, visando a distinção entre polícia de prevenção e polícia de repressão, e outra posterior e interna ao processo, visando a distinção entre a função de investigação e as demais funções processuais de acusação e julgamento. No conjunto, contudo, a divisão do poder que concerne à Polícia Judiciária diz respeito a uma divisão do poder punitivo em dois níveis.

4. A primeira divisão do poder que historicamente vai influenciar na concepção da Polícia Judiciária passa, portanto, pela separação entre funções de justiça e funções de polícia, mas vai conduzir a que inicialmente não exista uma distinção muito nítida entre o juiz e a Polícia Judiciária.

No sistema repressivo penal antigo que se encontra no direito romano, o magistrado exercia seu poder de *coercitio*, sem nenhuma vinculação legal (a exemplo do que encontramos nas funções do magistrado, na antiga *cognitio* da fase da monarquia, investido de *imperium*); ou um administrador exerce função judiciária (a exemplo do que encontramos nas competências judiciárias dos *praefecti*, durante a fase do império).[143]

A afirmação do Estado Absoluto em detrimento do Estado feudal só se torna possível com base em uma forte concepção de polícia como ciência de Estado, em torno da qual se concentram as diversas funções estatais, o que podemos encontrar naquela que é considerada a origem da polícia administrativa no *Ancien Régime* da França pré-revolucionária.[144] Criado pela monarquia em 1667, nomeado e mantido pelo rei, aos *lieutenants généraux de police* atribuíam-se inicialmente funções judiciais como julgamento de alguns casos simples, além de como administrador estar responsável por manter a ordem da vida civil.[145] O que resulta, contudo, dessa primeira fase histórica de divisão do poder, é que embora se tenha conseguido

---

[143] Cf. TUCCI, R. L. *Lineamentos de processo penal romano*, 1976, p. 57 (sobre a falta do princípio da legalidade); SANTALUCIA, B. *Diritto e processo penale nell'antica Roma*, 1998, p. 221.
[144] Cf. PEREIRA, E. S. *Introdução às ciências policiais*, 2015, p. 49 ss.; VON JUSTI, J. H. G. *Elementos generales de policía*, 1784.
[145] TONINI, P. *Polizia giudiziaria e magistratura*, 1979, p. 18 ss.

distinguir as funções macrofísicas do poder punitivo, inicialmente não existia uma nítida distinção entre o juiz e a Polícia Judiciária,[146] o que representaria uma divisão microfísica do poder punitivo.

Igualmente, no Brasil, encontramos, no Alvará de 25 de junho de 1760, a criação do intendente-geral de polícia, ao qual se subordinavam corregedores e juízes criminais, ao passo que um Alvará de 15 de janeiro de 1780 submetia ao mesmo intendente réus que cometessem crimes, a evidenciar como observou João Mendes de Almeida Júnior que não se distinguiam as funções policiais das judiciárias, nem mesmo se distinguiam polícia administrativa e Polícia Judiciária.[147]

Após ampla discussão que se encontra na história das instituições brasileiras,[148] chegando ao CPP de 1943, este parece ainda não ter levado às últimas consequências uma efetiva divisão do poder, a considerar que ainda subsistem no juiz algumas funções de Polícia Judiciária, embora a título de requisição de diligências (cf. art. 13, II do CPP). Ademais, em sentido igualmente concentrador de poder, encontramos, na histórica jurídica nacional recente, jurisprudência do STF atribuindo ao Ministério Público a possibilidade de investigar.

5. A considerar, contudo, que a lógica da divisão do poder, embora se tenha iniciado na dimensão constitucional dos poderes clássicos, se deve compreender igualmente na dimensão dos poderes que se exercem no contexto do processo penal, é preciso entender que o princípio precisa alcançar as funções de investigação como uma última divisão desse poder punitivo intraprocessual.

Assim como os poderes clássicos se interpretavam segundo as leis da macrofísica, quando se falava de uma interdependência e controle recíproco dos poderes, é igualmente possível falar de uma microfísica do poder intraprocessual.[149] Nesse sentido, podem-se entender que os diversos poderes da função jurisdicional se encontravam inicialmente concentrados no sistema inquisitório, numa espécie de poder hierárquico do juiz-inquisidor que, embora contando com uma

---

[146] Cf. TORNAGHI, H. *Instituições de processo penal*, v. 2, 1977, p. 202 ss., embora nos pareça que antecipar demais a fase de separação dessas funções, ao situá-la no século XVII, pois antes da legislação pós-revolucionária do século XVIII, não vemos onde se encontra essa tentativa de distinção, além de, ademais, com o CIC, já no início do século XIX, ter-se consolidado exatamente um modelo de Polícia Judiciária que, embora formalmente se distinguisse do juiz, considerava ainda uma instrução preparatória a função de Polícia Judiciária.

[147] ALMEIDA JR., J. M. *Processo Criminal Brasileiro*, 1920, p. 278 ss.

[148] ALMEIDA JR,. J. M. *Processo Criminal Brasileiro*, 1920, p. 282 ss.

[149] Cf. FOUCAULT, M. *Microfísica do poder*, 1979; ZIPPELIUS, R. *Teoria geral do Estado*, 1997.

divisão de tarefas, não tinha seu poder submetido a qualquer controle recíproco das outras autoridades.

Entende-se, assim, por que o princípio acusatório significa um primeiro passo na divisão do poder jurisdicional, ao limitar a atividade do juiz à atuação de um órgão oficial de acusação, o que tem evoluído até o sentido de limitar a condenação ao que se pede em ação penal.[150] Mas, é certo, o princípio acusatório vem sendo mal compreendido, ao pretender-se que o órgão oficial de acusação poderia conduzir a investigação, cuidando ainda dos interesses da defesa, numa clara concentração de poder, a considerar que também é necessário um princípio defensório que não permita uma defesa tutelada pelos próprios poderes a que compete acusar.[151]

É, ademais, decorrência de uma melhor compreensão do princípio acusatório, não apenas que exista um autônomo poder defensório, sobretudo distinto do poder acusatório, mas antes que a investigação criminal seja conduzida por outro poder distinto da acusação, o que irá justificar a necessidade de um específico princípio investigatório como outra divisão do poder jurisdicional.[152]

O que resulta, em última análise, é que a divisão de poder precisa ser melhor compreendida como uma proibição de autocontrole, o que retira a possibilidade de um órgão oficial de acusação investigar ao mesmo tempo que se obriga a controlar a investigação.[153]

6. Essas duas dimensões da divisão de funções, que se estabelecem no plano constitucional do poder, bem como no plano processual, vai nos exigir precisamente um modelo de Polícia Judiciária que deve ter em conta uma distinção fundamental entre polícia de prevenção e polícia de investigação, evitando conferir administrativamente a um mesmo órgão de polícia essas mesmas funções, porque isso corresponde a uma questão de relação entre poder executivo e judiciário.

---

[150] FERRAJOLI, *Direito e razão*, 2002, p. 467: "A separação dos poderes e o nascimento da figura do juiz moderno"; GUEDES VALENTE, M. M. *Processo Penal*, t. I, 2010, p. 88 ss.

[151] FERRAJOLI, L. *Direito e razão*, 2002, p. 450 ss.

[152] GÖSSEL, K. H. *El Derecho procesal penal em el Estado de Derecho*, 2007, p. 25 ss.; p. 34 ss., p. 39: "el acto procesal de la 'acusación' debe ser separado de las actuaciones de la 'investigación'". Cf. também MATHIAS, E. O equilíbrio de poder entre a Polícia e o Ministério Público. In: DELMAS-MARTY, M. (Org.). *Processos penais da Europa*, 2005, p. 481-506 [cf. especificamente, concepção do Parlamento inglês sobre a concentração de poder].

[153] Cf. RUSCONI, M. División de poderes en el proceso penal e investigación a cargo del Ministerio Publico. In: MAIER, J. B. (Comp.). *El ministerio público en el proceso penal*, 1993, p. 99-112.

Aqui conta aquela mesma lógica de divisão do poder, mas numa dimensão administrativa, como adverte ser necessário Thomas Fleiner-Gerster: "A ideia fundamental de uma autêntica separação dos poderes deve provavelmente ser introduzida na própria administração".[154] Essa ideia, portanto, irá orientar a divisão de funções policiais, mas também irá exigir uma independência funcional e hierárquica das polícias em relação aos órgãos que auxiliam.

Nesse sentido, é que podemos ler a concepção fundamental de Luigi Ferrajoli acerca dessa questão zetética da Polícia Judiciária: "As diversas atribuições, por fim, deveriam estar destinadas a corpos de polícia separados entre eles e organizados de forma independente não apenas funcional, mas também, hierárquica e administrativamente dos diversos poderes aos quais auxiliam. Em particular, *a Polícia Judiciária, destinada à investigação dos crimes e a execução dos provimentos jurisdicionais, deveria ser separada rigidamente dos outros corpos de polícia* (...)".[155]

Nesse ponto, deve-se observar, o sistema brasileiro tem um modelo misto, a considerar a diferença entre a organização da Polícia Judiciária Estadual, exclusiva e sem acumular em geral outras funções, e a organização da Polícia Judiciária Federal, que vem imbricada na mesma instituição que detém poderes de polícia de outra natureza.[156] A considerar, contudo, o postulado do Estado de Direito, exige-se que a Polícia Judiciária Federal seja separada rigidamente das demais funções policiais atualmente concentradas, em conformidade com a organização que se sugere por Fabio Konder Comparato.[157]

7. Contra essa lógica de separação, tem-se sustentado que uma excessiva divisão do poder poderia gerar o enfraquecimento do Estado, deixando-o exposto às influências externas. Tem-se observado, contudo, que é precisamente o inverso o que acontece, pois a divisão do poder torna mais difícil manipular a todos, ao passo que mesmo a falta de eficiência que disso pode derivar acaba por ser uma proteção do cidadão contra intervenções mais duras. Ademais, deve-se ter ainda em mente que a divisão reduz as falhas

---

[154] FLEINER-GERSTER, T. *Teoria geral do Estado*, 2006, p. 485.
[155] FERRAJOLI, L. *Direito e Razão*, 2002, p. 617.
[156] Cf. BARBOSA, E. S. Funções de polícia: que faz a Polícia Federal brasileira? *RBCP*, Brasília, ANP, v. 1, n. 1, p. 181-212, 2010.
[157] A respeito, cf. MIRANDA COUTINHO, J. N. Da Autonomia Funcional e Institucional da Polícia Judiciária. *Revista de Direito de Polícia Judiciária*, Brasília, ANP, v. 1, n. 1, p. 13-24, 2007.

humanas pois permite o controle recíproco,[158] além de uma melhor especialização de funções típicas.

A esse respeito, portanto, a PEC 431/2014, acerca de um *ciclo completo de polícia*, se deve discutir precisamente nos termos das razões que justificam a concentração ou divisão do poder da polícia. É preciso insistir que qualquer proposta nesse sentido se enquadra como política de exceção, que se opõe frontalmente ao postulado do Estado de Direito, sob argumentos de que é necessário fortalecer o Estado. Há, contudo, duas questões que se põem aqui: primeiro, a de saber se há razões de fato efetivamente a justificarem um regime de exceção, que contraria postulados básicos do Estado de Direito; segundo, considerando que os fatos estejam provados e desde que se possam monitorar durante o período de exceção, visando a outras formas de controle, e estabelecer quando devem cessar. Em qualquer caso, contudo, põe-se sempre ainda a questão de saber se não seria possível outro caminho menos perigoso ao Estado de Direito, que não implique concentrações de poder como essas.[159]

Essas questões não se podem decidir, é claro, a partir de uma exclusiva pré-compreensão meramente racional, sem levar em conta os dados empíricos da realidade, ignorando os contextos históricos que considerem o lugar e o tempo de sua aplicação. Mas, precisamente por isso, os fatos não se podem ignorar também diante da tentativa de promover concentrações de poder desnecessárias ou, sendo necessárias, sem auditoria nem monitoramento de suas finalidades pretendidas. Os fatos se impõem, sobretudo, naquela lógica da experiência eterna de que nos fala Montesquieu, ao advertir-nos de que: "todo homem que possui poder é levado a dele abusar".

3.3 O princípio procedimental da proporcionalidade das medidas restritivas

1. A proporcionalidade, assim como a divisão do poder punitivo, se pode observar em dois níveis relativamente à função da Polícia Judiciária. Primeiro, na sua dimensão jurisdicional em relação às

---

[158] FLEINER-GERSTER, T. *Teoria geral do Estado*, 2006, p. 488 ss.
[159] Cf. GARLAND, D. *A cultura do controle*: crime e ordem social na sociedade contemporânea, 2008, p. 367: "A arquitetura institucional da modernidade penal permanece firme em seu lugar, como também o aparato estatal da justiça criminal. Foram sua distribuição, seu funcionamento estratégico e sua significação social que se transformaram". Cf. ALFONSO PAREJO, L. *Seguridad pública y policía administrativa de seguridad*, 2008.

medidas restritivas de direitos que dependem de autorização judicial; segundo, na sua dimensão administrativa em relação ao modo como a Polícia Judiciária deve dar cumprimento a essas medidas. Esses dois casos devem ter em conta ainda a proporcionalidade legal geral que vem como condição formal de possibilidade das medidas restritivas. Como veremos, essa compreensão tem relação direta com os dois princípios posteriores formal e substancial. Mas no caso da proporcionalidade jurisdicional em específico, será condição de possibilidade uma devida divisão do poder, como vimos no princípio anterior. No conjunto, é preciso observar que todos os princípios concorrem para estabelecer limites ao poder estatal, não apenas limitado ao poder da Polícia Judiciária, mas ao conjunto de instituições que exercem o poder punitivo do Estado.

É, portanto, um princípio procedimental que depende e está relacionado a um conjunto de outros princípios, sem os quais essa pretendida proporcionalidade não alcança os objetivos que postula promover, assumindo apenas uma aparência de justiça que vem na verdade encenada por uma retórica de linguagem do poder punitivo sem limites.

2. A proporcionalidade tem sido considerada tanto um conteúdo material do Estado de Direito quanto uma base racional de justiça. É duvidoso, contudo, que ela possa assumir esse papel de parâmetro de racionalidade e justiça, sem maiores considerações sobre o que lhe é subjacente e sobre tudo que precisa pressupor axiológica e potestivamente no processo penal. Um e outro sentidos se podem compreender como faces de um mesmo paradigma ético-epistêmico que postula um modelo de relação entre Estado, Sociedade e Indivíduo, que se pode aplicar em diversos campos do direito, embora tenhamos interesse limitado ao processo penal e, de forma mais específica, às medidas de investigação criminal que implicam alguma restrição de direitos fundamentais.

No primeiro sentido, ela vem originariamente conjugada com a proibição de excesso, tendo por orientação permitir a restrição da liberdade individual apenas em função de uma necessidade decorrente de um fim premente da comunidade, embora seja originariamente associada a uma concepção liberal de Estado.[160] No segundo sentido, ela vem investida na função de permitir um sistema de ordenação

---

[160] ZIPPELIUS, R. *Teoria geral do Estado*, 1997, p. 389 ss.

racional, seja pela legislação, seja pela interpretação do direito, embora se reconheça que ela encontra limites na necessidade de determinar a importância de vários fins colidentes entre si.[161] A proporcionalidade na comunidade jurídico-científica vem geralmente considerada como princípio constitucional. É nesse sentido que J. J. Gomes Canotilho a aborda, como subprincípio concretizador do princípio constitucional do Estado de Direito, associado intimamente aos direitos fundamentais. Sua origem estaria no século XVIII como "máxima suprapositiva", sendo introduzido no século XIX como princípio geral do Direito de Polícia na fórmula da proibição de excesso. Assume atualmente a qualidade de "regra de razoabilidade" nos países de *common law* e tende a assumir o papel de "regra de controle" exercida pelos tribunais nos países europeus sobre todos os atos do poder público. Nesse sentido, aplica-se no controle de atos de legislação, administração e jurisdição. Trata-se, em sua concepção, de um controle de natureza *equitativa*, que pretende alcançar a justiça no campo da conflitualidade social.[162]

Em seu sentido mais geral, a proibição de excesso pretende "evitar cargas excessivas ou actos de ingerência desmedidos na esfera jurídica dos particulares", o que permite compreendê-lo igualmente no sentido também de uma *proibição por defeito*, em razão do que "o estado deve adoptar medidas suficientes, de natureza normativa ou de natureza material, conducente a uma proteção adequada e eficaz dos direitos fundamentais".[163] Ora, se essa concepção puder ser abrangente a direitos de defesa, a proporcionalidade deveria ter muito mais a oferecer do que se tem costumado retirar dela na fase de inquérito do processo penal, que vem orientado mais pelo princípio da investigação visando à condenação dos culpados, sem igual proteção aos interesses dos inocentes.

E isso terá especial impacto no Direito de Polícia Judiciária, a considerar a posição que o órgão policial venha a tomar relativamente ao órgão oficial de acusação. Se toda decisão judicial acerca de medida de Polícia Judiciária for tomada apenas à vista de um pronunciamento da acusação, sem ouvir igualmente um órgão oficial de defesa, dificilmente haverá um efetivo juízo jurisdicional de proporcionalidade distinto de um qualquer juízo administrativo que se possa realizar

---

[161] ZIPPELIUS, R. *Filosofia do Direito*, 2010, p. 193 ss.
[162] GOMES CANOTILHO, J. J. *Direito Constitucional e Teoria da Constituição*, 2003, p. 266 ss.
[163] GOMES CANOTILHO, J. J. *Direito Constitucional e Teoria da Constituição*, 2003, p. 273.

diretamente pela Polícia Judiciária ou pelo Ministério Público em investigações criminais que assuma diretamente.

3. O problema está inicialmente em crer na ideia de que a proporcionalidade ostenta uma neutralidade metodológica, independente dos interesses e da força com que os envolvidos no processo conseguem promover. Essa parece ser a concepção com que David Beatty pretende sustentar sua teoria do Estado de Direito baseada na proporcionalidade dos juízos jurisdicionais.[164] Apesar das objeções éticas sérias que se podem fazer a essa neutralidade, Beatty tem suas razões para sustentá-la. Ele considera que "o caráter moral da sociedade deve ser definido por ela mesma", não cabendo aos juízes assumir pontos de vista pessoais, mas o ponto de vista das partes no julgamento. Esse é um elemento importante a reter-se dessa concepção, a considerar que a proporcionalidade no processo penal vem viciada precisamente por faltar o ponto de vista de uma das partes.

A neutralidade, nesse contexto, implica reconhecer que o justo é o corretamente proporcional em cada sociedade, sendo a justiça um ideal local, não universal. Assim, "as proporcionalidades variam diretamente com o peso e o valor que as pessoas atribuem aos interesses envolvidos". Segundo Beaty, portanto, "aplicada com isenção, a proporcionalidade é um princípio moral passível de se utilizar em qualquer parte do mundo", que, em suma, "promove a integração entre o real e o ideal, entre o local e o universal (...)".[165] Essa confiança otimista na proporcionalidade decorre do que Beatty chama de "lógica da proporcionalidade". Ele parece realmente estar convencido de que a proporcionalidade pode conduzir-se de maneira lógica sem maiores complicações, pois considera que ela transforma o processo de controle num exercício simples de raciocínio lógico. Essa sua confiança o leva a considerar, equivocadamente, que "a proporcionalidade transforma em questões de fato problemas que na filosofia moral constituem questões de valor".[166]

Essa, contudo, é uma compreensão limitada da proporcionalidade. Em virtude de sua pesquisa não detalhar muito bem os elementos da proporcionalidade, Beatty não se dá conta de que a cognição empírica é uma parte importante do cálculo, mas não constitui toda a sua racionalidade dependente ainda de uma opção

---

[164] BEATTY, D. *A essência do Estado de Direito*, 2014.
[165] BEATTY, D. *A essência do Estado de Direito*, 2014, p. 304 ss.
[166] BEATTY, D. *A essência do Estado de Direito*, 2014, p. 306.

valorativa. É em virtude dessa sua incompreensão que talvez conclua equivocadamente que "pelo fato de não atribuir aos direitos nem aos números nenhum status especial, a proporcionalidade pode reivindicar para si a objetiva integridade que nenhum outro modelo de controle judicial de constitucionalidade é capaz de satisfazer".[167] E esse parece ser o sentido subjacente com que a proporcionalidade costuma ser assumida no processo penal. No entanto, mesmo Beatty admite que a proporcionalidade tem subjacente a si uma dimensão valorativa baseada na igualdade, que nos permite concluir pela "justiça da proporcionalidade". Ela presume, nesse sentido, nas discussões entre maiorias e minorias, que todos os participantes de um debate são iguais entre si. É, certamente, isso que o faz considerar que "somente a proporcionalidade pode garantir que a Constituição realize o melhor de suas possibilidades". Em síntese, Beatty não leva a sério a incomensurabilidade entre certos interesses, como veremos, mas insiste que é preciso ouvir as partes no debate entre maioria e minoria, o que é um problema fundamental do processo penal, considerando o duplo objetivo do garantismo penal.[168]

4. O juízo de proporcionalidade está antes na legislação, mas, como já se observou acertadamente, ele terá a mesma estrutura na proporcionalidade sobre as medidas restritivas de direitos fundamentais durante o inquérito.[169] E nesse sentido, a proporcionalidade pressupõe uma regra de sopesamento ou ponderação que corresponde à ideia de concordância prática.[170] Afinal, a proporcionalidade pressupõe a existência sempre de um conflito para o qual postula uma possibilidade de concordância prática como solução racional. Mas nessa sua lógica há um decisionismo sub-reptício que oculta a insuperável discordância entre elementos importantes do juízo de proporcionalidade.[171]

Alexy, ao exigir otimização de princípios colidentes, segundo um primeiro enunciado da lei do sopesamento, parece admitir que

---

[167] BEATTY, D. *A essência do Estado de Direito*, 2014, p. 311 ss.
[168] É justamente como conflito entre interesses de maioria e interesses de minoria que Luigi Ferrajoli, em *Diritto e ragione*, 2008a, p. 328, compreende o duplo objetivo do Direito Penal a ser representado por partes distintas no processo penal.
[169] MATA-MOUROS, M. F. *Juiz das liberdades*: desconstrução de um mito do processo penal, 2011, p. 290.
[170] Nesse sentido, cf. ALEXY, R. *Teoria dos direitos fundamentais*, 2011, p. 173.
[171] A respeito desse decisionismo, cf. FISCHER-LESCANO, A. Crítica da concordância prática. In: CAMPOS, R. (Org.). *Crítica da ponderação*: método constitucional entre a dogmática jurídica e a teoria social, 2016, p. 37-61.

a restrição de um princípio se justifica pela mera importância do outro.[172] Isso poderia permitir qualquer restrição de direitos, sempre a título de proteção de outros direitos, sem quaisquer condições. Em um segundo enunciado do sopesamento, contudo, ele considera que "quanto mais pesada for a intervenção em um direito fundamental, tanto maior terá que ser a certeza das premissas nas quais essa intervenção se baseia".[173] O problema é que, além de essa certeza exigir conhecimento que geralmente não se encontra disponível para a decisão[174] – quer no contexto da legislação, quer no contexto da jurisdição –, há de fato uma questão prejudicial que concerne à relação meio-fim.

Afinal, o primeiro problema da proporcionalidade passa antes por estabelecer o que é meio relativamente a que fim. Apenas depois é que se seguem os problemas relativos especificamente à adequação, necessidade e proporcionalidade em sentido estrito. O estabelecimento da relação entre meio e fim depende da existência de bens jurídicos que se imbricam numa relação intersubjetiva, em que há uma medida concreta (legislativa, administrativa ou jurisdicional) que se destina a realizar algum fim. Há que se estabelecer que fim está em *relação de causalidade* com o meio. Esse fim se define tanto internamente, por um interesse real relativo a uma pessoa ou um objeto, quanto externamente, segundo finalidades atribuídas ao Estado.[175] Mas, concedendo que o Estado, no processo penal, tem como finalidade tanto a punição dos culpados, quanto a proteção dos inocentes, é irremediavelmente arbitrária que toda a discussão sobre proporcionalidade no processo penal sempre se conduza pelo fim da investigação em detrimento de direitos individuais que são limitados, como a colocar o princípio da presunção de inocência a serviço do princípio da investigação.

Essa questão prejudicial, portanto, é o problema fundamental do juízo de proporcionalidade em processo penal, que constitui seu cerne filosoficamente problemático, se tivermos em conta a objeção da

---

[172] ALEXY, R. *Teoria dos direitos fundamentais*, 2011, p. 593: "Quanto maior for o grau de não-satisfação ou de afetação de um princípio, tanto maior terá de ser a importância da satisfação do outro".

[173] ALEXY, R. *Teoria dos direitos fundamentais*, 2011, p. 617: a essa lei ele chama de "lei epistêmica do sopesamento", em oposição àquela primeira que chama de "lei material do sopesamento".

[174] A respeito, cf. LADEUR, K.-H. Crítica da ponderação na dogmática dos direitos fundamentais. In: CAMPOS, R. (Org.). *Crítica da ponderação*, 2016, p. 139: "A legitimidade democrática da lei não pode obscurecer o fato de que o conhecimento necessário para a decisão não se encontra disponível de forma central (...)".

[175] ÁVILA, H. *Teoria dos princípios*, 2013, p. 183 ss., adverte que "no direito processual manipula-se a ideia de proporção entre o gravame ocasionado e a finalidade a que se destina o ato processual".

incomensurabilidade dos interesses da maioria com os interesses da minoria, segundo a concepção garantista dos fins do Direito Penal, o que vem denunciado eticamente por John Finnis,[176] cuja maior crítica é que: "Uma vez que um moralista aceite o método proporcionalista, mesmo que como um princípio metodológico entre outros, ele pode produzir argumentos a favor de qualquer solução que lhe agrade".[177]

5. Os limites de atuação da Polícia Judiciária, em síntese, devem estar vinculados aos parâmetros do juízo de proporcionalidade, relativos à adequação, necessidade e proporcionalidade sem sentido estrito, que se exigem de todos atos do poder estatal, legislativo, judiciário e administrativo.

Há, primeiro, a proporcionalidade ínsita na própria lei que, segundo um juízo legislativo abstrato dos diversos interesses em possível conflito, estabelece os atos de investigação criminal permitidos que podem implicar restrição de direitos fundamentais. Nesse sentido, toda lei que autoriza um meio de obtenção de prova já terá feito um juízo de proporcionalidade, a admitir que um direito fundamental seja restringindo, nas hipóteses que dispõe a lei.[178]

Há, em segundo momento, o juízo de proporcionalidade concreto que precisa ser avaliado jurisdicionalmente, no caso em que a investigação criminal precisa utilizar-se efetivamente dos meios de obtenção de prova.[179] Mas essa proporcionalidade jurisdicional, se não quer se confundir com um juízo de mera proporcionalidade administrativa que apenas se transfere ao juiz, precisaria admitir nas suas hipóteses de requerimento pela autoridade de Polícia Judiciária não apenas o parecer do Ministério Público como órgão oficial de acusação, mas também de um órgão oficial de defesa, que se deveria assumir pela Defensoria Pública no Brasil.[180] E, nesse sentido, é que a proporcionalidade especificamente jurisdicional pressupõe necessariamente a divisão intraprocessual do poder, sem a qual se deixa ao próprio órgão de acusação zelar por interesses de defesa, ao mesmo tempo em que postula ser competente para fiscalização e

---

[176] FINNIS, J. *Fundamentos de Ética*, 2012, p. 81 ss.
[177] FINNIS, J. *Fundamentos de Ética*, 2012, p. 90-94.
[178] Cf. a respeito ALEXY, R. *Teoria dos direitos fundamentais*, 2015, p. 116 ss.; p. 163 ss.; 593 ss.
[179] Cf. por exemplo as condições que o art. 2º da Lei nº 9.296/96, sobre interceptação telefônica, que se devem averiguar em cada caso. Cf., também, SERRANO, N. G-C. *Proporcionalidad y derechos fundamentales en el proceso penal*, 1990.
[180] Cf. a respeito PEREIRA, E. S. *O processo (de investigação) penal*, 2018; MATA-MOUROS, M. F. *Juiz das liberdades:* desconstrução de um mito do processo penal, 2011, p. 187 ss.

controle do órgão de investigação, numa imbricação criptoautoriária de funções.

Há, ainda, por fim, o juízo administrativo que subsiste à Polícia Judiciária, no cumprimento de medidas restritivas de direitos fundamentais, devendo observar as condições de adequação, necessidade e proporcionalidade, no momento de sua ação material. Assim, deverá ainda considerar se a forma de executar uma medida é adequada ao objetivo pretendido – *v. g.* autorização para entrar em uma casa, arrobando a porta ou chamando um chaveiro apenas, diante das circunstâncias do caso. Também deverá avaliar se é necessário o uso da força e em que medida – *v.g.* no caso de uma condução coercitiva, que possa exigir uso de algema ou não.[181]

3.4 O princípio substancial da indisponibilidade direta dos direitos fundamentais

1. A considerar o que implica um juízo especificamente jurisdicional de proporcionalidade, no quadro processual das medidas restritivas de direitos necessárias à função investigativa da Polícia Judiciária, temos já antecipado o princípio substancial da indisponibilidade direta dos direitos fundamentais pela Polícia Judiciária. É importante, a esse respeito, que se tenha em conta a especificidade da Polícia Judiciária relativamente a outros corpos de polícia, uma vez que a Polícia Judiciária vem caracterizada precisamente por não poder dispor diretamente de direitos fundamentais sem o controle dos demais sujeitos processuais. Ao deixarem-se confundir, portanto, polícia preventiva e polícia repressiva, deixa-se àquela uma porta aberta para realizar restrições de direitos fundamentais sem maiores controles, numa confusão entre administração e jurisdição que dificilmente se consegue corrigir apenas pela nulidade das provas produzidas nessa sequência de ação, pois essa nulidade tem uma dimensão processual que não se confunde com a dimensão material da restrição sofrida em função do processo.

Portanto, entre todos os limites que se devem impor à Polícia Judiciária, sendo especificamente o que a distingue dos demais corpos de polícia, encontra-se essa indisponibilidade direta dos direitos

---

[181] Cf., a respeito, GUEDES VALENTE, M. M. *Teoria geral do Direito Policial*, 2014, p. 196 ss.; PEREIRA, E. S. Polícia e direitos humanos: critérios racionais de ação. In: *Doutrinas essenciais de direitos humanos*, 2011, v. 5, p. 1185-1214.

fundamentais que em relação às demais polícias vem mitigado pelo fato de que a polícia atua no interesse preventivo visando a evitar uma ofensa delitiva a outros direitos.

2. Os direitos fundamentais, na ordem jurídica, se apresentam com duplo aspecto, tanto como um conjunto de valores objetivos básico quanto como garantias de proteção de situações jurídicas subjetivas.[182] Antonio E. Perez Luño explica-nos que, em seu *aspecto subjetivo*, os direitos fundamentais determinam o *estatuto jurídico dos cidadãos*, tanto em suas relações com o Estado como nas relações entre si; em seu *significado axiológico objetivo*, os direitos fundamentais representam o resultado do acordo básico das diferentes forças sociais, obtido a partir de relações de tensão e consequente esforço de cooperação dirigidas à obtenção de metas comuns.

Em seu significado subjetivo, os direitos fundamentais conferem ao indivíduo diversas posições jurídicas em relação ao Estado, podendo-se observar que há direitos de categorias diversas, conforme a função exercida por ele. Gomes Canotilho observa que, ao passo que a fundamentação objetiva de um direito fundamental tem em vista seu significado para a coletividade, para o interesse público e para a vida comunitária, a fundamentação subjetiva se refere ao significado ou relevância da norma consagradora de um direito fundamental em função do indivíduo, de seus interesses, para a sua situação da vida, para sua liberdade.[183] Assim, como direitos subjetivos, a norma constitucional garante ao indivíduo posições e relações jurídicas, de diversas categorias conforme uma função jurídica. E é nesse sentido que qualquer restrição de direitos no âmbito da atividade de Polícia Judiciária tem sua relevância a exigir proteção e limites.

Considerando o aspecto objetivo dos direitos fundamentais, é possível observar que os direitos adquirem contornos jurídicos, levando em consideração a estrutura de sua instituição normativa, que se modifica ao longo do tempo, segundo os valores éticos objetivos da sociedade. Contudo, não obstante certas mudanças, é possível observar que os direitos surgidos a cada geração não implicam exclusão de uma pelas outras, necessariamente, nem se revelam como mera sequência

---

[182] Cf. PEREZ LUÑO, A. E. *Los derechos fundamentales*, 2007, p. 20 ss.: "por ser expresión del conjunto de valores o decisiones axiológicas básicas de una sociedad consagrado en su normativa constitucional, los derechos fundamentales contribuen con la mayor amplitud y profundidad a conformar el orden jurídico infraconstitucional".

[183] Cf. GOMES CANOTILHO, J. J. *Direito Constitucional e Teoria da Constituição*, 2003, p. 1257, acerca de uma "presunção a favor da dimensão subjetiva".

sem relação com as demais gerações.[184] Há, assim, uma sobreposição de dimensões, de tal forma que um direito de primeira geração, após a segunda geração de direitos, não pode ser compreendido sem ponderação dos valores dessa última, bem assim em relação aos direitos de terceira geração. Assim, por mais que atualmente se possa postular um direito a segurança pública, não se pode com isso neutralizar os direitos individuais de uma minoria a favor de direitos coletivos de uma maioria, tampouco no contexto da investigação criminal, a título apenas de uma prevenção geral.

Afinal, em seu sentido originário, os direitos fundamentais se apresentam como direitos oponíveis ao Estado, sendo a este destinada a norma, cujos efeitos operam em uma *relação de estrutura vertical*, em virtude da sobreposição do Estado em relação ao indivíduo. Admite-se, nesse sentido, que "a história dos direitos fundamentais indica que sua principal finalidade foi a de limitar o poder do Estado a favor dos indivíduos a este submetidos. Essa finalidade continua sendo, até hoje, primordial. O destinatário principal do dever de respeitar os direitos dos indivíduos é o Estado no sentido mais amplo do termo, isto é, toda e qualquer autoridade ou órgão que exerça competências estatais".[185] E é isso que interessa especificamente a um Direito de Polícia Judiciária.

No entanto, além dessa eficácia vertical, tem-se entendido atualmente que *os direitos fundamentais cumprem também uma eficácia horizontal*, em relação aos conflitos existentes entre particulares, aos quais cumpre igualmente respeitar os direitos fundamentais; nessa perspectiva, o Estado assume a posição de proteção de direitos em conflito que se encontram em posição horizontal. Em síntese, "o reconhecimento do efeito horizontal parece ser necessário quando encontramos, entre os particulares em conflito, uma *evidente desproporção de poder social*". Mas não se pode obscurecer a compreensão de que ao se colocar nessa posição de proteção, o Estado não se exclui daquela posição originária vertical, embora, nesse caso, esteja já perante dois titulares de direitos fundamentais.

Tendo, contudo, em conta essas duas perspectivas, vertical e horizontal, a função investigativa da Polícia Judiciária estará mais diretamente submetida àquela relação de estrutura vertical, como órgão do sistema de justiça penal orientado à repressão, ao passo

---

[184] Acerca do caráter histórico e evolutivo dos direitos fundamentais, cf. PEREZ LUÑO, A. E. *Los derechos fundamentales*, 2007, p. 29 ss.
[185] DIMOULIUS, D; MARTINS, L. *Teoria geral dos direitos fundamentais*, 2007, p. 106.

que uma polícia de prevenção estará ligada mais diretamente ao plano horizontal de proteção, o que pode constituir a justificação de interferência direta em direitos fundamentais, porque no interesse de proteção imediata de outros direitos, mas sempre nos limites dessa razão jurídica. Mas isso exatamente, com maior razão, deverá impedir que essa mesma polícia, uma vez que não tenha prevenido o crime para o qual está autorizada agir diretamente sobre direitos fundamentais, possa depois vir a atuar na sequência, com poderes repressivos limitando direitos sem maiores controles processuais e jurisdicionais.

3. Os direitos fundamentais, nesse sentido, se entendem como limite e condição material de atuação da Polícia Judiciária no Estado de Direito, em uma relação de estrutura essencialmente vertical que requer um maior sistema de controle processual e jurisdicional. Eles constituem o núcleo essencial que conferem razões jurídicas aos diversos limites impostos a qualquer órgão de poder punitivo, seja pela divisão de funções, seja pela exigência de exercício proporcional do poder.

Ainda que venha a adquirir autonomia funcional, portanto, a Polícia Judiciária não deverá nunca dispor de forma direta de direitos fundamentais, sem passar pelo crivo jurisdicional, mas isso não significa apenas ter uma autorização do juiz, tampouco apenas passar pela necessária vista ao Ministério Público como órgão de acusação. É preciso que se considere processualmente a disposição desses direitos, abrindo-se a um efetivo juízo jurisdicional de proporcionalidade que tenha em conta também uma manifestação de órgão oficial de defesa como órgão de controle e fiscalização.

Essa é uma questão que vai ter implicações específicas na possibilidade de prisão em flagrante pela autoridade de Polícia Judiciária, a considerar que isso implica uma restrição da liberdade por decisão de Polícia Judiciária, a exigir que se apresente imediatamente ao poder judiciário o conduzido para decisão sobre a liberdade. Mas se nessa *audiência de custódia* a autoridade judiciária replicar a mesma estrutura administrativa da Polícia Judiciária, sem abrir-se para uma instrução sumária imediata, em que acusação e defesa possam debater as razões da prisão, não existe nenhuma boa razão para que se transfira da Polícia Judiciária ao juiz a decisão de prisão.[186]

---

[186] O problema da audiência de custódia no Brasil, contudo, está em que, por um equivocado entendimento, ela se tem prestado apenas à função de juízo de controle da atividade de Polícia

Contudo, se a audiência de custódia se realizar na forma processual jurisdicional, o que talvez se imponha é que, por economia e racionalidade processual, desde logo se apresente ao juiz e não à autoridade de Polícia Judiciária, pois não subsiste nenhuma boa razão para que se submeta o conduzido a dupla decisão sobre seus direitos fundamentais nesse caso, tampouco que a autoridade de Polícia Judiciária tenha que decidir sobre algo que não lhe compete, se essa for a decisão do ordenamento jurídico. Parece-nos, assim, que considerando os casos em que o delegado de polícia não pode arbitrar fiança, nesses casos se deveria logo conduzir o preso à presença do juiz, pois não há sentido que o delegado tenha possibilidade de prisão sobre o cidadão, mas não tenha possibilidade de liberdade. Mas nos casos em que tem poder de liberdade com arbitramento de fiança, não se justifica a audiência de custódia perante um juiz.

Afinal, nada impede que, como o admite expressamente o Pacto de São José (Artigo 7, 5), em lugar de uma audiência de custódia judiciária, a audiência de custódia seja realizada por outra autoridade autorizada pela lei a exercer funções judiciais, o que no Brasil corresponde exatamente ao delegado de polícia. Assim, nos casos em que compete ao delegado de polícia a possibilidade de fiança, a audiência de custódia está permitida perante ele próprio, mas desde que estejam presentes tanto o órgão oficial de acusação e quanto o de defesa. E apenas nos casos em que isso não se torne possível, seja por denegação de fiança pelo delegado, seja por impossibilidade de fiança por ele, deveria o conduzido ser apresentado ao juiz, mas para decidir sumariamente sobre a prisão e processo. Afinal, se há razões que justificam uma prisão, deve haver o suficiente para uma condenação nos crimes que justificaram a condução. Se não o houver, impõe-se a liberdade, sem prejuízo da continuidade do processo.

3.5 O princípio formal da legalidade (material e processual)

1. O princípio mais elementar do Estado de Direito, embora venha aqui ao final e represente apenas o aspecto formal de garantia dos direitos fundamentais, tem um papel basilar em qualquer direito,

---

Judiciária, sem entrar na análise das razões que justificam ou não prisão. A considerar os objetivos do Pacto de São José, seria necessário interpretar o instituto da audiência de custódia em conjunto com o princípio da duração razoável do processo.

a considerar que sem ele se torna impossível qualquer segurança jurídica. A "vinculação à lei" consiste na mais persistente e específica caracterização do Estado de Direito, ainda que o conceito de lei se tenha alterado ao longo de sua evolução histórica.[187] O princípio da legalidade, assim, aparece em todas as expressões históricas do Estado de Direito, quer na experiência do *Rechtsstaat* alemão ou no *Etat de droit* francês, quer no *Rule of law* inglês ou norte-americano, vindo ora vinculado aos direitos fundamentais, como uma questão de liberdade ou de igualdade, vindo ora vinculado a uma questão de garantia de e divisão do poder.[188] O certo, contudo, é que a legalidade tem um valor fundamental em si que não se pode perder de vista, especialmente por um Direito de Polícia Judiciária.

A respeito desse valor fundamental e de suas razões político-filosóficas, Guy Haarscher nos fala da base de um "compromisso de poder" que, embora puramente formal, embora não suficiente, é absolutamente necessário à segurança jurídica do cidadão.[189] Essa legalidade se manifesta não apenas em leis que restringem direitos fundamentais em sua matéria, mas também e sobretudo em âmbito processual, a exemplo do que se encontra em direito processual de Polícia Judiciária com medidas restritivas de direitos orientadas cognitivamente à obtenção de prova ou apenas potestivamente a uma finalidade cautelar preventiva.

2. O princípio da legalidade – como o sustenta Luigi Ferrajoli – "é o princípio basilar, (...), do Estado de Direito sobre o qual se funda, (...), todo o edifício garantista da democracia constitucional".[190] Ele postula a previsão e disciplina normativa de todos os atos jurídicos não constituintes (diversos da lei em si mesma, porque constituinte da legalidade) e todos os seus efeitos, desde as decisões públicas ou privadas, com que se exercita um poder, produzindo situações jurídicas, até atos obrigacionais e atos ilícitos, que ficam submetidos a sanções.

Duas teses, contudo, se podem formular a respeito do princípio da legalidade, embora cada uma acabe por representar um modelo de Estado de Direito, quer este se limite a uma mera legalidade formal, própria de um Estado legislativo de direito, quer exija uma legalidade

---

[187] FLEINER-GERSTER, T. *Teoria geral do Estado*, 2006, p. 493 ss.
[188] COSTA, P.; ZOLO, D. *O Estado de Direito*: história, teoria, crítica, 2006, p. 11-30.
[189] HAARSCHER, G. *A filosofia dos direitos do homem*, 1993, p. 29 ss.
[190] FERRAJOLI, L. *Principia Iuris*, v. 1, 2007b, p. 432.

estrita, na lógica própria de um Estado constitucional de direito, pelo qual se exige que a norma seja produzida não apenas pelo órgão legislativo, mas que atenda substancialmente os princípios de uma democracia constitucional, tendo em conta os limites que se impõem a todos os poderes, a título de proteção de direitos fundamentais.[191]

3. Qualquer teoria de Direito de Polícia Judiciária, portanto, não pode deixar de considerar esse postulado elementar do Estado de Direito, visando a recuperar suas razões originárias de vinculação à lei, como uma condição necessária que, embora não suficiente para o exercício da autoridade estatal, se descumprida à partida põe em dúvida a legitimidade do poder de Polícia Judiciária. Assim, constitui uma exigência basilar que, qualquer que seja o modelo de Polícia Judiciária, segundo as diversas questões postas, a quem quer que se confira a função de investigação criminal, é exigível como condição que antes exista lei em sentido formal. Ela concerne ao mínimo de segurança jurídica com base na qual se geram expectativas.

O problema sério do estado atual do Direito de Polícia Judiciária no Brasil é que a primeira a descumprir esse princípio primordial do Estado de Direito foi justamente a instituição de quem se esperava a obrigação de fazer cumpri-lo – o Ministério Público, que, ignorando o papel estruturante desse princípio, instalou uma fase de insegurança jurídica no Direito de Polícia Judiciária, como a dizer que qualquer outra instituição pode insistir da tentativa de exercer o poder de polícia judiciária, a considerar o que se tem seguido pelas polícias militares.

É, nesse sentido, importante que se tenha consciência da necessidade de uma legalidade não apenas relativa aos crimes que justificam a investigação da Polícia Judiciária, mas também relativa à competência jurídica que a autoriza investigar, bem como sobre os meios de investigação e sobretudo de controle processual dessa atividade. O princípio da legalidade no Direito de Polícia Judiciária interessa, portanto, antes por sua perspectiva processual, relativa à competência e meios de investigação, porque isso constitui uma questão de garantia de direitos fundamentais.

Assim, devem-se entender os diversos mecanismos de formalidade com que se reveste o inquérito policial como a primeira garantia legal de direitos fundamentais, contra o qual operaria qualquer oposto modelo de informalidade não cartorial, visando a dinamizar

---

[191] Cf. FERRAJOLI, L. *Principia Iuris*, v. 1, 2007b, p. 433-436.

a atividade policial, sem dar-se conta de que pela informalidade muitos direitos deixam de ser assegurados, ficando negligenciados, sem possibilidade de controle a *posteriori*, sempre a favor de uma maior eficiência repressiva e inaceitável num Estado de Direito.[192]

4. É, portanto, necessário entender-se que, antes de qualquer controle externo ou interno, a Polícia Judiciária encontra-se subordinada à lei, o que é um imperativo geral de observação por qualquer órgão de um Estado de Direito.

A submissão à lei que se exige do juiz e do Ministério Público é comum aos órgãos de Polícia Judiciária, sendo isso um critério de controle que se pode exercer até mesmo pelo cidadão, quando se veja restringido indevidamente em seus direitos. É um dado histórico que "os poderes contemporâneos do Ministério Público estão baseados, *inter alia*, no fato de que ele garanta a legalidade da persecução",[193] mas já se observou igualmente que também a Polícia Judiciária está submetida ao Direito e à Lei.[194] O dever objetivo de cumprir a lei é compartilhado por todos órgãos estatais que detêm algum poder, não sendo exclusivo de qualquer um deles. Nesse sentido, não se pode fundamentar um poder de controle e fiscalização apenas com base num dever de cumprimento da lei que é comum a todos.

A legalidade constitui, portanto, os parâmetros de controle da autoridade e seu primeiro limite de atuação. Por isso, é importante que essa subordinação à lei venha assegurada por uma estrutura processual que viabilize o controle dos atos de Polícia Judiciária no exercício de suas funções de investigação criminal. Assim, na ideia de controle da legalidade da Polícia Judiciária, deve-se compreender aquele que se exerce durante o processo penal, aqui sim pelo Ministério Público como fiscal, mas nesse caso é também necessário incrementar a relação processual para admitir tanto um controle dos excessos quanto um controle das omissões, segundo interesses coletivos da acusação e interesses individuais da defesa, com um Ministério Público de

---

[192] Cf. a esse respeito todos aqueles movimentos que se insurgem contra a burocracia do inquérito, visando à exclusão do delegado de polícia, sob o argumento da desnecessidade de formação jurídica para condução das investigações. A título de discurso nesse sentido, cf. "Dossiê: O inquérito policial no Brasil", na revista *Sociedade e Estado*, Brasília, v. 26, n. 1, jan./abr., 2011. Disponível em: <http://www.scielo.br/scielo.php?script=sci_issuetoc&pid=0102-699220110001>. Acesso em: 14 out. 2018.
[193] MATHIAS, E. O equilíbrio de poder entre a Polícia e o Ministério Público. In: DELMAS-MARTY, M. (Org.). *Processos penais da Europa*, 2005, p. 502.
[194] GÖSSEL, H. K. *El Derecho Procesal Penal en el Estado de Derecho*, 2007, p. 45.

acusação e um Ministério Público de defesa,[195] que no Brasil poderá vir representado pela Defensoria Pública.

O que se instala com essa configuração de controle recíproco dos diversos sujeitos processuais é a compreensão de que, no exercício de suas competências, ainda que subordinada à lei, qualquer autoridade, Polícia Judiciária ou Ministério Público, pode abusar do poder, mas nenhuma deveria ter de si mesmo o autocontrole, nem mesmo o Ministério Público, sobretudo se ele é o órgão oficial de acusação.

A legalidade é, nesse sentido, o primeiro passo de um sistema de controle que, no entanto, exige ampliar-se para além do contexto do processo penal, visando a uma mais efetiva concretização do princípio constitucional que tem no controle do poder sua ideia fundamental e no princípio democrático, a ideia de um poder de controle exercido também pela sociedade.

3.6 O princípio constitucional-democrático do controle

1. Além dos princípios do Estado de Direito, é necessário ao Direito de Polícia Judiciária respeitar os princípios constitucional e democrático, que consideramos conciliáveis a partir da ideia de controle da Polícia Judiciária; tanto internamente, no contexto do processo por órgãos de acusação e defesa em condições de absoluta igualdade, quanto externamente, por um órgão colegiado representativo de setores da sociedade.

Essa compreensão do princípio constitucional-democrático no sentido de um mais amplo controle da Polícia Judiciária decorre de uma concepção mais material que apenas meramente formal, tanto do constitucionalismo, quanto da democracia, o que nos exige uma breve discussão conceitual prévia como se segue.

2. O constitucionalismo não é um termo unívoco, a considerar suas diversas expressões, antiga e moderna, que se encontram no curso da história do pensamento político, além dos diversos neoconstitucionalismos de que se fala hoje.[196] Charles Howard

---

[195] Cf. FERRAJOLI, L. *Direito e razão*, 2002, p. 467 ss., p. 491 ss.; PEREIRA, E. S. *O processo (de investigação) penal*, 2018.

[196] Cf. MCILWAIN, C. H. *Constitucionalismo antiguo y moderno*, 1991; CARBONELL, M. (Org.), *Neoconstitucionalismo(s)*, 2011; FERRAJOLI, L. Constitucionalismo principialista e constitucionalismo garantista. In: TRINDADE, A. K.; STRECK, L.; FERRAJOLI, L. *Garantismo, hermenêutica e (neo) constitucionalismo*, 2012, p. 13-56.

McIlwain, no entanto, sustentou que, embora muitas outras ideias se tenham atrelado ao constitucionalismo, é na *ideia de governo limitado* que devemos identificar a sua essência. Essa tese que recebeu grande adesão doutrinária,[197] tendo sido prevista na Declaração dos Direitos da Virgínia (1776),[198] parece-nos ser o fundamental a reter. E devemos retê-la como uma questão de justiça material, não limitada a um qualquer constitucionalismo formal, embora esta não seja a concepção dominante.

Assim, todas as doutrinas do Estado de Direito, da separação dos poderes e das garantias aos direitos fundamentais, que costumam vir igualmente associadas ao constitucionalismo, viriam a ser apenas técnicas específicas que surgiram no curso da história, visando a alcançar aquela limitação do poder em favor de uma mais ampla proteção de direitos. Essas técnicas, portanto, que aqui consideramos como princípios postulados do Estado de Direito, precisam ser compreendidas conjuntamente e segundo as razões que orientam o constitucionalismo materialmente, sem os obstáculos epistemológicos que se encontram na lógica do constitucionalismo formal.

As diversas técnicas, nesse sentido, são efetivamente meios de realização do sentido material do constitucionalismo, mas este não se deve limitar ao princípio do governo limitado como o sustenta Charles Howard McIlwain, pois se bem entendido deve abranger toda forma de poder. Embora Nicola Matteucci consinta que "o mais antigo, o mais persistente e duradouro dos caracteres essenciais do verdadeiro Constitucionalismo continua sendo o mesmo do início, a limitação do Governo mercê do direito",[199] Gomes Canotilho, por sua vez, mais acertadamente, observa que o constitucionalismo moderno se compreende melhor como uma *"técnica específica de limitação do poder com fins garantísticos"*.200 O constitucionalismo, assim, precisa ser entendido como o programa que recorre a técnicas de limitação do poder – que se podem remeter ao Estado de Direito, segundo uma divisão de poder e uma proporcionalidade –, mas sempre com o fim de garantir direitos contra os diversos autoritarismos, incluindo um

---

[197] Cf. MATTEUCCI, N. Costituzionalismo. In: BOBBIO, N.; MATTEUCCI, N. *Il Dizionario di Politicia*, 2008, p. 201-212; também GOMES CANOTILHO, J. J. *Direito Constitucional e Teoria da Constituição*, 2003, p. 51.

[198] Cf. DIPPEL, H. *História do constitucionalismo moderno*: novas perspectivas, 2007, p. 9.

[199] MATTEUCCI, N. Costituzionalismo. In: BOBBIO, N.; MATTEUCCI, N. *Il Dizionario di Politicia*, 2008, p. 253.

[200] GOMES CANOTILHO, J. J. *Direito Constitucional e Teoria da Constituição*, 2003, p. 51.

autoritarismo especificamente processual. E é nesse sentido que nos interessa ao Direito de Polícia Judiciária.

3. A democracia, nesse sentido, vai encontrar uma limitação séria no contexto do constitucionalismo. Afinal, embora se possam admitir outras acepções, tem-se se entendido a democracia como um método, essencialmente como um procedimento formal.[201] Luigi Ferrajoli, embora venha a discordar pontualmente dessa concepção, admite que, "segundo a concepção seguramente dominante, a democracia consiste unicamente em um método de formação das decisões coletivas: precisamente, no conjunto das regras que atribuem ao povo, e, portanto, à maioria de seus membros, o poder – direto ou através de representantes – de assumir decisões".[202]

A democracia, portanto, remete antes a regras sobre *como* se deve chegar a decisões políticas, mas não diz *o que* decidir, salvo por exclusão das regras que se referem ao próprio jogo democrático.[203] Sobretudo, deve-se entender que a democracia está vinculada à doutrina da soberania popular e diz respeito à legitimidade da fonte do poder, mas nada diz precisamente sobre o modo de exercício do poder, que exige uma legitimidade de ação, e isso é exatamente o que se exige no âmbito do processo penal, especialmente na função de investigação criminal da Polícia Judiciária. Assim, salvo se entendermos a democracia em um outro sentido, mais substancial que meramente formal, também como valor, de forma a aproximá-la de ideais igualitários, não podemos falar seriamente de um processo penal democrático sem colocá-lo em conflito com uma ideia constitucionalista material. Diz-se, nesse sentido, que a democracia em sentido formal é um governo do povo, ao passo que a substancial é um governo para o povo. Mas, como o dissemos, esta não tem sido a concepção dominante, que deixa de fora da democracia o problema do exercício do poder.

Essa questão, no entanto, consiste no ponto essencial de uma discussão sobre uma justiça processual, na qual se inclui

---

[201] FERRAJOLI, L. *Principia Iuris*, v. 2, Teoria della democrazia, 2009, faz uma abordagem ampla da democracia, entendida segundo duas dimensões (formal e substancial), duas formas (política e civil) e dois conteúdos (liberal e social), além de falar em níveis, no qual importa reconhecer a democracia na idade da globalização como modelo para uma esfera pública global. Nesse sentido, FERAJOLI, L. *Razones jurídicas del pacifismo*, 2004, p. 91 ss., vai falar de uma "democracia cosmopolita" e um "constitucionalismo global".

[202] Cf. FERRAJOLI, L. *Democracia y garantismo*, 2008b, p. 77 ss.

[203] Nesse sentido, cf. BOBBIO, N. Democrazia. In: MATTEUCCI, N.; BOBBIO, N. *Il Dizionario di Política*, 2008, p. 235 ss.

necessariamente uma devida investigação criminal e o Direito de Polícia Judiciária. Ao devido processo importa não apenas a fonte da lei formal, estabelecendo quem deve conduzi-lo (uma qualquer legitimidade democrática formal), mas sobretudo como essa condução se deve concretizar na realização prática da lei (uma legitimidade que vai além dessa democracia). É nesse ponto que se exige entender o constitucionalismo, sobretudo o seu núcleo de garantia dos direitos fundamentais, como uma cintura protetora de valores, que sonega da democracia certos pontos indisponíveis por lei. Deve-se entender que nem a imensa maioria pode dispor de certos direitos, sobretudo de certas minorias, com base em um fundamento meramente quantitativo de justificação da lei. É nesse contexto que devemos entender a ambivalência fundamental da democracia[204] e como o constitucionalismo, em última análise, acaba por sobrepor-se-lhe diante da possibilidade de ela mesma tornar-se uma forma de opressão. Isso em grande parte decorre do paradigma humanista em que se fundamenta e do sentido essencial que o sustenta.[205]

Mas, ao remeter-se o problema para um constitucionalismo em sentido formal, como sua trava de contenção, não se pode olvidar que também nele há uma imperfeição humana, seja em sua concepção constituinte, seja no seu exercício de interpretação constitucional. Isso pode acabar nos submetendo a uma circularidade entre democracia e constitucionalismo, o que não chega a ser um vício, de uma perspectiva falseacionista do direito,[206] pois se pode entender como uma relação recíproca entre realidade e normatividade necessária e essencial ao aperfeiçoamento da ideia de justiça.[207] Afinal, embora o constitucionalismo tenha a vantagem de conferir uma segurança jurídica mínima aos direitos fundamentais, o que é um valor positivo para a vida social, com base nisso mesmo ela se pode tornar o obstáculo a qualquer mudança social, transmudando-se em conservadorismo e, de

---

[204] Nesse sentido, cf. GOYARD-FABRE, S. *O que é democracia?*, 2003, p. 342: "Em outras palavras, as virtudes da democracia são também suas fraquezas, sua força é também o que produz sua impotência".

[205] Nesse sentido, cf. GOYARD-FABRE, S. *O que é democracia?*, 2003, p. 347. O problema da democracia é que "ela se insere nos limites do humano e, por conseguinte, traz, indelével, a marca da imperfeição". Sob a ambivalência que as caracteriza, o humanismo em que se inspiram todas as democracias implica a imperfeição.

[206] A respeito dessa perspectiva, cf. ALBERT, H. *O direito à luz do racionalismo crítico*, 2013.

[207] Cf., a respeito, HESSE, K. *A força normativa da constituição*, 1991, p. 15: "A força condicionante da realidade e a normatividade da Constituição podem ser diferençadas; elas não podem, todavia, ser definitivamente separadas ou confundidas".

certa forma, um obstáculo epistemológico a uma maior aproximação da justiça.

Em outro sentido, se passamos a entender a democracia não mais apenas como um regime político, mas já como uma mentalidade que recusa a estrutura social hierárquica,[208] a democracia nada mais representa que o sentido de uma "Constituição real" em relação coordenada com uma "Constituição jurídica".[209] Nesse sentido, Konrad Hesse explica que "para usar a terminologia acima referida, 'Constituição real' e 'Constituição jurídica' estão em uma relação de coordenação. Elas condicionam-se mutuamente, mas não dependem, pura e simplesmente, uma da outra". Claro é que, no contexto do discurso de Hesse, àquela época, sua preocupação era, na linha contrária à concepção de Ferdinand Lassale, sustentar a força normativa da Constituição. Hoje, como que voltando a Lassale, tem-se pensado é na força fática da democracia. E é nesse sentido que podemos reter a ideia de democracia para um processo penal que tenta evitar as relações de hierarquia que subsistem em sua estrutura fundamental.[210]

Mas essa coordenação se pode tornar excessivamente problemática no âmbito de uma teoria do justo processo – é preciso que se o admita. O clamor público por um processo penal mais célere e eficiente, como sói acontecer, pode ser o inverso de um processo justo; mas devemos igualmente admitir que também pode resultar injusta uma sociedade em que o processo penal seja articulado de tal forma que certa parcela da sociedade nunca se veja implicada em qualquer processo, ou que seu processo penal seja sempre um processo mais suave. Afinal, um princípio preliminar à estrutura de um justo processo, bem ponderadas essas questões, será uma forma de igualdade externa – é necessário, mas não suficiente, que o processo penal seja igual para todos, como ponto de partida. Depois, há uma igualdade interna, que tenta evitar as relações de hierarquia interna ao processo entre acusação e defesa. E nesses princípios se podem identificar o ideal democrático de um processo penal que se deve

---

[208] Cf., nesse sentido, GOYARD-FABRE, S. *O que é democracia?*, 2003, p. 200 ss., em que se admite tanto uma ideia democrática, quanto um fato democrático realizado na vida social. "É pelo menos evidente que, nas primeiras décadas do século XIX, a palavra 'democracia' não serve mais para definir um modo de governo ou o tipo ideal de um regime político, conota a dinâmica que, recusando a ideia tradicional de hierarquia, introduz na condição social competência e regulações novas".

[209] Cf., nesse sentido, HESSE, K. *A força normativa da constituição*, 1991, p. 15.

[210] Nesse ponto, entende-se bem aquela tipologia de que se vale M. R. Damaska, em *La cara de la justicia y el poder del Estado* (2000), quando se propõe a tratar dos sistemas processuais segundo a dicotomia modelo hierárquico *vs.* modelo paritário.

assumir pelo Direito de Polícia Judiciária desde a fase preliminar de investigação criminal.

4. Assim, no que interessa mais diretamente a um Direito de Polícia Judiciária, o princípio constitucional-democrático nos remete a uma questão de controle igualitário da Polícia Judiciária que se deve realizar em dois planos: um, no plano interno da atividade de investigação durante o desenvolvimento do processo penal; outro, no plano externo da sociedade.

No plano interno do processo, o princípio constitucional-democrático pede que a atividade de investigação criminal realizada pela Polícia Judiciária seja submetida a dupla fiscalização por órgãos diversos de acusação e defesa, tanto pelo Ministério Público quanto pela Defensoria Pública, este atuando no interesse individual, visando a evitar abusos por excesso, aquele atuando no interesse coletivo, visando a evitar abusos por omissão. Essa estrutura de controle interno da atividade de Polícia Judiciária, sob outra perspectiva, acaba por reafirmar a possibilidade de um juízo efetivamente jurisdicional de proporcionalidade, porque permitiria a manifestação em igualdade de condições de duas partes, mantendo o juiz na condição de terceiro.

No plano externo da sociedade, mas em continuidade da lógica da igualdade que evita a submissão direta do órgão de investigação exclusivamente ao órgão de acusação, o princípio constitucional-democrático pede que o controle externo da Polícia Judiciária se faça por um Conselho Nacional de Polícia Judiciária, no qual permaneça com possibilidade de fiscalização o Ministério Público, mas com poder equilibrado pela presença de outras instituições como a Defensoria Pública, Juízes e Advogados, e também de representantes das polícias judiciárias federal e estaduais. Esse Conselho, assim constituído, asseguraria uma maior independência da Polícia Judiciária relativamente ao controle do Ministério Público, evitando uma subjugação da atividade de investigação criminal aos interesses exclusivos de acusação, ao passo que promoveria um controle social mais democrático, realizando o princípio com muito maior justiça.

CONCLUSÃO

> *Dessarte, se organicamente a Polícia Judiciária entronca na máquina administrativa do Estado, funcionalmente ela se liga ao aparelho judiciário. Não há nenhuma subordinação hierárquica, disciplinar, entre a Polícia Judiciária e o Poder Judiciário ou mesmo o Ministério Público, mas apenas interdependência funcional. Só nesse sentido é a polícia auxiliar da justiça.*
> (Hélio Tornaghi, *Instituições de Processo Penal*, V. 1, 1977, p. 202)

1 A Polícia Judiciária como instituição essencial à função jurisdicional

1. O conceito de Polícia Judiciária nos exige uma distinção entre órgão e função, se quisermos compreender a observação de Hélio Tornaghi, que a liga ao aparelho judiciário. Mas essa ligação se deve entender no sentido de que *a Polícia Judiciária é uma instituição essencial à função jurisdicional penal do Estado*. Ela se compreende, portanto, no conjunto de todas as demais instituições jurídico-processuais (Advocacia, Defensoria Pública, Ministério Público, Juízes e Tribunais) que concorrem à efetividade da jurisdição penal, numa lógica de "interdependência funcional". Assim, entende-se que "todas as instituições jurídicas se articulam ainda entre si para formar juntas a ordem jurídica".[211]

---

[211] BERGEL, J.-L. *Teoria geral do direito*, 2001, p. 232.

É, portanto, cada vez mais urgente compreender que, embora na Constituição Federal de 1988 se tenha colocado Polícia Judiciária no capítulo da Segurança Pública, a Política Judiciária consiste em outra coisa distinta, pois ela melhor se compreenderia como "função essencial à justiça", segundo a terminologia que usa a redação constitucional. Essa é a concepção que se defende por José Pedro Zaccariotto, para quem houve uma acomodação constitucional inadequada da Polícia Judiciária. Para ele, a Polícia Judiciária se deve entender como função essencial à justiça, orientada precisamente à investigação criminal, como forma de garantir uma segurança pública integral.[212] Nessa linha, encontra-se uma proposta de Emenda Constitucional por Fábio Konder Comparato, visando a transferir a Polícia Judiciária do capítulo "Da Segurança Pública" para o capítulo "Das Funções Essenciais à Justiça", sobre o que Jacinto Nelson de Miranda Coutinho observa a necessidade de atribuir autonomia institucional e funcional à Polícia Judiciária, retirando-lhe o controle externo pelo Ministério Público para colocá-la sobre controle de um Conselho Nacional de Polícia Judiciária.[213]

É claro que enquadrar a investigação criminal da Polícia Judiciária como função essencial à justiça depende essencialmente de qual é o nosso conceito de jurisdição, sem o que resulta incompreensível esse enquadramento. Apenas procedendo a uma radical revisão do conceito de jurisdição, pela qual se entenda em definitivo como uma garantia de liberdade, podemos compreender o que há de relevante na ideia de Polícia Judiciária.

a) A jurisdição penal como poder punitivo

2. A jurisdição é, antes de entender-se como uma garantia, uma função do poder punitivo estatal.[214] E esse poder se impõe precisamente pelas mãos do juiz ou do tribunal, não por qualquer outro órgão estatal.[215] O fato de esse poder se encontrar limitado por certas condições de exercício e validade não nos deve, portanto, obscurecer a devida compreensão de que corresponde, em última

---

[212] ZACCARIOTTO, J. P. *A polícia judiciária no Estado Democrático*, 2005, p. 2152 ss.

[213] MIRANDA COUTINHO, J. N. Da Autonomia Funcional e Institucional da Polícia Judiciária. *RDPJ*, Brasília, ANP, v. 1, n. 1, p. 13-24, 2007.

[214] RANIERI, S. *La giurisdizione penale*, 1930, p. 83: "L'adempimento di una funzione soppone sempre un potere (...)".

[215] Essa é uma tese fundamental que se colhe em GOLDSCHMIDT, J. *Princípios generalies del processo*, v. 2, 1961, p. 44.

decisão, ao juiz condenar o culpado, bem como autorizar as medidas restritivas de direitos fundamentais durante o inquérito.[216] Constitui, assim, um erro grave da dogmática processual penal ver o juiz apenas em função de garantia, relativamente aos demais órgãos estatais de persecução (sujeitos processuais), deixando de observar que também contra ele é preciso assegurar os direitos fundamentais.[217] E isso começa a ficar evidente na jurisprudência de instâncias supraestatais, como se encontra no TEDH e CIADH, que revisam certas práticas dos juízes e tribunais nacionais.

Esse poder, contudo, compreende certos espaços, dentro dos quais a autoridade judicial se exerce com alguma discricionariedade insuprimível, por mais perfeito que pretenda ser o sistema processual de garantias, embora deva ser função da ciência jurídico-processual buscar minimizá-los. E, entre esses espaços, um concerne muito especificamente ao âmbito da investigação criminal, pela qual passa irremediavelmente o *poder de verificação fática e demonstração probatória*, que se pode compreender como questão prejudicial a todos os demais aspectos do poder relativo à interpretação, compreensão equitativa e valoração ético-política que correspondem à função jurisdicional do poder.[218]

A *"conoscenza del fato"* que se exige desse poder[219] corresponde àquela base de legitimidade cognitiva em que a jurisdição precisa se fundamentar, se não pretende ser um mero exercício de decisão sustentada apenas na autoridade da decisão de um juiz (formalmente investido da jurisdição, mas materialmente despido dela).[220] Mas, mesmo sustentado na investigação fática, ao juiz subsistirá um exercício de poder de discricionariedade dispositiva, sempre que é chamado a calcular a proporcionalidade de medidas restritivas de direitos, o que constitui um espaço irredutível de insegurança jurídica no processo que decorre inevitavelmente da indeterminabilidade da verdade processual em todos os seus momentos.[221]

---

[216] A enfatizar o papel central do juiz, cf. PISANI, M. *Problemi della giurisdizione penale*, 1987, p. 29 ss.
[217] De uma forma sutil, mas igualmente incisiva, MATA-MOUROS, M. F. *Juiz das liberdades*, 2011, p. 451, assim conclui sua tese, propondo "uma dogmática que ouse quebrar o dogma de que tutela judicial é sempre assegurada pelo juiz; nunca contra ele".
[218] FERRAJOLI, L. *Diritto e ragione*, 2008 a, p. 10 ss., fala de quatro dimensões do poder judicial.
[219] Cf., a respeito, UBERTIS, G. *La conoscenza del fatto nel processo penal*, 1992.
[220] FERRAJOLI, L. *Diritto e ragione*, 2008a, p. 13 ss.; p. 107 ss.
[221] FERRAJOLI, L. *Diritto e ragione*, 2008a, p. 147 ss.

A jurisdição, assim, como expressão do poder estatal, se pode entender como um *conjunto de poderes cognitivos e poderes potestativos*[222] que depende de um conjunto de garantias para que se reduzam ou controlem os espaços de arbítrio.

b) Jurisdição penal formal e material

3. É, portanto, relevante ter em conta uma distinção entre jurisdicionalidade em *sentido lato* e *em sentido estrito*.[223] A jurisdição penal, em sentido lato, já se encontrava na cláusula 39 da Magna Carta, que previa a reserva de jurisdição em matéria penal como condição necessária para restrição da liberdade. Nela já se podia encontrar implícita a presunção de inocência, até que um juiz se manifestasse sobre a culpa de uma pessoa a respeito de um crime. Essa submissão ampla à jurisdição, contudo, não exigia qualquer tipo de processo, mas apenas um qualquer processo legalmente estabelecido. Compreende-se, nesse sentido, por que a jurisdição em sentido amplo é uma garantia ainda meramente formal, que se pode encontrar tanto no processo penal acusatório, quanto no processo penal inquisitório. Havia, portanto, jurisdição naquela função exercida pelo inquisidor no *Directorium Inquisitorum*, bem como haverá nas funções do juiz de instrução do CIC 1808, tanto quanto há nas funções dos juízes do CPP brasileiro de 1943. Ela se pode representar pela máxima *"nulla culpa sine judicio"*.[224]

Mas a questão é saber que forma de juízo. Pode-se, assim, dizer que há exercício de jurisdição em várias situações histórico-positivas, independentemente de sua configuração orgânica e procedimental com que se realiza processualmente, mas apenas atendendo a determinadas condições um sistema processual pode assegurar aqueles fins de legitimação do Direito Penal, entre os quais se inclui necessariamente também a prevenção de arbitrárias punições, na qual se inclui ainda o arbitrário desenvolvimento do processo penal. Portanto, em sentido estrito, a jurisdição exige uma certa configuração que impeça um qualquer "dissimulado autoritarismo" com proeminência do juiz.[225]

---

[222] RICCIO, G. *La procedura penale*: Tra storia e politica, 2010, p. 179.
[223] FERRAJOLI, L. *Diritto e ragione*, 2008a, p. 8 ss.
[224] Cf. FERRAJOLI, L. *Diritto e ragione*, 2008a, p. 548 ss.
[225] Cf. MARQUES DA SILVA, G. *Direito processual penal português*, v. 1, 2013, p. 57: "a essencialidade da jurisdição não pode significar um dissimulado autoritarismo estatal de que a história nos dá conta, em prejuízo do equilíbrio entre os poderes do juiz, da acusação e da defesa".

A noção estrita de jurisdição, portanto, deve nos remeter aos demais princípios do processo como seu aperfeiçoamento e desenvolvimento material. A jurisdição em sentido estrito, nesse sentido, exige exatamente outros princípios relativos à acusação, à prova e à defesa. Assim, à máxima "*nulla culpa sine judicio*" se devem seguir ainda as demais – "*nullum judicium sine accusatione*", "*nulla accusatio sine probatione*" e "*nulla probatio sine defensione*" –, que se podem sintetizar na fórmula *nullum iudicium sine accusatione, sine probatione et defensione*,[226] com que podemos definir a jurisdição em sentido estrito, embora ainda nos seja exigível estabelecer os princípios que especificam cada elemento constitutivo que visa a garantir a liberdade, a igualdade e a verdade processuais.[227]

A ideia de jurisdicionalidade material, em suma, corresponde a uma específica teoria da justiça processual, em que a jurisdição em sentido formal deve vir acompanhada de princípios de garantias processuais materialmente orientados a assegurar valores processuais fundamentais. É nesse sentido que podemos nos referir à jurisdição, acusação, defesa e prova, como elementos fundamentais de um processo penal, sobre os quais incidem princípios garantistas da liberdade, igualdade e verdade. Apenas assim se pode compreender como uma garantia de segundo grau.

c) A jurisdição como garantia de segundo grau

4. A jurisdição se deve entender como uma função estatal que se distingue das demais não tanto pela forma (processual) como atua, mas antes pela específica função que assume como garantia de segundo grau no sistema jurídico. É, nesse sentido, o princípio primário que se erige como guardião das liberdades.[228] Não se pode confundi-la, portanto, com o sujeito formal que a realiza, pondo o acento no juiz, com exclusão da acusação e defesa, mas isso não exclui a necessidade de que ela venha antes assegurada por uma específica posição do juiz relativamente aos sujeitos processuais. Também não se pode confundi-la com um específico conteúdo material da decisão jurisdicional, mas isso não exclui que ela venha fundamentada sempre com referência a fatos provados na determinação do direito. Assim,

---

[226] Cf. Teorema 63 do Garantismo, segundo FERRAJOLI, L. *Diritto e ragione*, 2008a, p. 90 (em nota).
[227] Não se trata apenas de princípios que regulam os vários momentos da jurisdição, como o considera RANIERI, S. *La giurisdizione penale*, p. 117 ss., mas sim dos vários elementos com que ela se constitui.
[228] A falar de "princípio da jurisdição", cf. MARQUES DA SILVA, G. *Direito processual penal português*, v. 1, 2013, p. 56 ss.

embora a jurisdição possa vir associada aos juízes e tribunais (concepção formal, orgânica ou subjetiva) ou a um específico conteúdo da decisão jurisdicional (concepção material), o certo é que sua especificidade relativamente às demais funções estatais está na função de garantia da liberdade processual.[229]

Não vamos ao extremo de dizer que à jurisdição corresponda apenas a tutela de direitos individuais, em confronto com a administração a quem interessaria tutelar apenas interesses coletivos,[230] mas parece certo que à jurisdição em sentido estrito corresponde aquela noção de jurisdição de equidade, atenta ao caso particular, em distinção com o que já se chamou de jurisdição legal.[231]

Mas tem algum sentido dizer que a jurisdição se acresce à legislação como garantia da liberdade, na perspectiva do processo. Luigi Ferrajoli considera que a jurisdição consiste mesmo em uma forma de garantia secundária de direitos fundamentais, que se segue à garantia primária existente na legislação. Legalidade e jurisdicionalidade, assim, se complementam no Estado de Direito em função de garantia de direitos. A jurisdição é, nesse sentido, o exercício de uma função de garantia que depende da inobservância de uma norma primariamente definida. Ela pressupõe, portanto, um ato (inválido ou ilícito), previsto antes em uma norma primária, para que se possa realizar, segundo uma outra previsão (legalidade processual) em norma secundária. Ela é, portanto, sempre um acertamento sobre um fato nominado juridicamente, que exige um nexo de implicação entre prova e interpretação operativa de uma norma violada.[232]

A jurisdicionalidade penal é, assim, garantia de segundo grau que se segue à legalidade penal, considerada uma garantia de primeiro grau de que depende efetivamente. É, nesse sentido, condição de estabelecimento da culpa e aplicação da pena (*nulla poena et nulla culpa*

---

[229] Para um panorama das diversas concepções formal, material e funcional, cf. MATA-MOUROS, M. F. *Juiz das liberdades*, 2011, p. 54-78; mais detalhadamente, cf. MONTERO AROCA, J. *Introducción al derecho procesal*, 1976, p. 15-112; ALCALÁ-ZAMORA Y CASTILLO, "Jurisdicción", *Estudios de teoria e historia del proceso*, t. I, 1992, p. 29-60; FAIRÉN GUILLÉN, V. *Teoria general del derecho procesal*, 1992, p. 103-142; TORNAGHI, H. *Instituições de processo penal*, V. 1, 1977, p. 215-240; TUCCI, R. L. *Teoria do direito processual penal*, 2002, p. 17-56; RANIERI, S. *La giurisdiziione penale*, 1930, p. 80 ss.

[230] A respeito, cf. ALCALÁ-ZAMORA Y CASTILLO, *Estudios de teoría general e historia del processo*, t. I, 1992, p. 51 ss.

[231] A respeito, cf. TORNAGHI, H. *Instituições de processo penal*, V. 1, 1977, p. 215-240.

[232] Nesse sentido, cf. FERRAJOLI, L. *Principia iuris*, v. 1, Teoria del diritto, 2007b, p. 879-885.

sine judicio), mas ela vem igualmente condicionada pela legalidade (material e processual), sem a qual não teria parâmetros garantidos.[233]

5. A jurisdição, nesse sentido, vai depender de um conjunto de condições que têm como objetivo assegurar a independência potestativa, bem como a imparcialidade cognitiva do juízo verdadeiro acerca do crime, visando a estabelecer uma racionalidade processual que pretende evitar o arbítrio judicial. Essas garantias, portanto, visam a assegurar não apenas a autonomia da jurisdição relativamente a poderes externos, mas sobretudo seus limites como poder interno ao processo.

Luigi Ferrajoli, a respeito dessas condições, fala em garantias orgânicas e procedimentais. As garantias orgânicas são "relativas à formação do juiz e à sua colocação institucional a respeito dos outros poderes do Estado e aos outros sujeitos do processo", a exemplo da independência e imparcialidade do juiz, bem como o juiz natural, a separação entre juiz e acusação, a obrigação de ação e similares. As garantias procedimentais, por sua vez, são "relativas à formação do juízo, nomeadamente a recolha de provas, o desenvolvimento da defesa e o convencimento do órgão judicante", a exemplo do ônus da prova, o contraditório, publicidade, oralidade, direito de defesa, motivação da decisão e similares.[234] A garantia da jurisdição, portanto, decorrerá não da função autônoma do juiz ou do tribunal, mas do conjunto de condições que tornam possível o seu exercício de forma equitativa, a exigir o método processual. O TEDH, assim, embora não parta da ideia de jurisdição, referindo ao direito a um processo equitativo, fala, de forma similar, em exigências de ordem institucional (independência e imparcialidade) e exigências de ordem procedimental (igualdade, publicidade e duração razoável), como garantias de ordem geral, que se devem pressupor às garantias de ordem específica (presunção de inocência e direitos de defesa).[235]

É compreendida que a investigação criminal constitui uma dimensão essencial da função jurisdicional penal, pode-se compreender por que o Direito de Polícia Judiciária se reconduz a um especial direito de garantais fundamentais nesse âmbito específico da atividade estatal.

---
[233] FERRAJOLI, L. *Principia iuris*, v. 1, 2007b, p. 32; FERRAJOLI, L. *Diritto e ragione*, 2008a, p. 8.
[234] FERRAJOLI, L. *Diritto e ragione*, 2008a, p. 548 ss.
[235] CEDH, *Guide de l'article 6*: Droit à un procés équitable, 2014, p. 12-19 ss.

2 Um direito especial de garantias fundamentais

1. O Direito de Polícia Judiciária, em síntese, concerne ao direito de organização e de procedimento com que a Polícia Judiciária exerce suas funções nas relações tanto com os poderes estatais e demais órgãos do poder punitivo, bem como com o cidadão em geral, tendo em vista uma efetiva garantia dos direitos fundamentais no processo penal. Trata-se de um direito objetivo, cujo interesse é sobretudo coletivo, mas exigível em função de direitos subjetivos individuais.

Robert Alexy defende que, no interesse de proteção específica de direitos fundamentais, existe um direito correspondente a exigir ações positivas legislativas no sentido de obter organizações e procedimentos mais adequados à proteção específica de direitos fundamentais.[236] A ideia de um direito a procedimento e organização se pode entender, inicialmente, como direito a uma certa "aplicação e interpretação", orientada ao Judiciário, mas também pode ser entendido como direito cujo objeto é a criação de normas, que tem como destinatário o legislador. E é nesse ponto que parece haver uma maior controvérsia. Afinal, pode-se dizer que existe um direito fundamental a organização e procedimento como direito subjetivo? A concepção objetiva dos direitos fundamentais pretende sustentar que o direito a organização e procedimento somente existe como um interesse da coletividade, em que o indivíduo surge como membro. A fundamentação do direito aqui é não individualista.

Alexy considera, contudo, que existem direitos a organização e procedimento como direitos subjetivos com *status* positivo. Ele considera que se trata de um direito que se pode opor ao legislador. Embora exista uma densa discussão sobre seu *status* positivo ou negativo, bem como sua natureza objetiva ou subjetiva, é necessário entender que há uma relação de dependência entre garantia dos direitos fundamentais e o conjunto de normas relativas à organização e ao procedimento. E isso é exatamente o que interessa entender no âmbito do Direito de Polícia Judiciária. Pode-se, nesse sentido, até discutir se de fato existe um direito subjetivo a obter do legislador uma determinada organização e procedimento, mas não se pode negar que esse direito é requerido em favor de direitos individuais. Se os devemos remeter a um âmbito político de discussão ou se os podemos discutir no âmbito jurídico, nesse ou naquele ordenamento

---

[236] ALEXY, R. *Teoria dos direitos fundamentais*, 2015, p. 470-499; cf. também GOMES CANOTILHO, J. J. *Estudos sobre direitos fundamentais*, 2008, p. 69-84.

jurídico, isso é coisa que podemos deixar por concluir, remetendo a um modelo de ciência jurídica dogmática ou zetética.

2. O mais importante é observar que esses direitos se podem traduzir na exigência de garantias orgânicas e procedimentais de Polícia Judiciária, como condição de possibilidade de um devido processo penal conforme o Estado de Direito, numa espécie de espelhamento daquelas garantias da jurisdição.

Faustin Helie já havia advertido acerca dessa questão sobre a Polícia Judiciária, ao observar que "é necessário que ela seja investida de um certo poder e que ela possa empregar alguns meios de verificação e de ação que pertencem, em geral, ao poder judiciário", e que, precisamente por isso, "ela deve apresentar em seus atos algumas garantias judiciárias". Nesse ponto, o autor exige pontualmente condições especiais aos seus sujeitos, bem como que suas competências sejam regulamentadas com atribuições muito bem-definidas.[237]

Luigi Ferrajoli, também expressamente, observa que "a Polícia Judiciária, destinada à investigação dos crimes e a execução dos provimentos jurisdicionais, deveria ser separada rigidamente dos outros corpos de polícia e dotada, em relação ao Executivo, das mesmas garantias de independência que são asseguradas ao Poder Judiciário do qual deveria, exclusivamente, depender".[238]

Assim, podemos entender que o Direito de Polícia Judiciária, como um direito especial de garantias de direitos fundamentais, compõe-se de um conjunto de garantias orgânicas e procedimentais da instituição, nos seguintes termos:

a) As garantias orgânicas de Polícia Judiciária se ligam a questões relativas ao delegado de polícia e sua colocação institucional, na relação com os poderes do Estado (constitucional), bem como os próprios poderes internos da instituição (administrativo), assim como com os demais sujeitos do processo, especificamente o juiz, a acusação e a defesa (processual).

b) As garantias procedimentais de Polícia Judiciária se ligam a questões relativas ao inquérito policial, tendo em conta a obtenção inevitável de certas provas pela investigação criminal, exigindo possibilidade de atuação da defesa, sigilo da investigação no interesse

---
[237] HELIE, M. F. *Traite de l'instruction criminelle*, 1866, p. 8.
[238] FERRAJOLI, L. *Diritto e ragione*, 2008a, p. 801.

tanto coletivo quanto individual, motivação do ato de indiciamento entre outras questões.

Essas garantias, se levadas a sério como questão de justiça, reconduzem-se a necessária autonomia institucional da Polícia Judiciária como ponto máximo de construção jurídico-teórica do Direito de Polícia Judiciária, mas que na perspectiva prático-jurídica constitui o ponto de partida necessário a que a Polícia Judiciária se constitua como *instituição essencial ao exercício da função jurisdicional penal do Estado*.

3 A necessária autonomia institucional da Polícia Judiciária

1. A Polícia Judiciária possui uma história de subordinação que se tornou incompatível com a lógica do Estado de Direito, no qual se exige que ela seja independente não apenas funcional, mas hierárquica e administrativamente do Poder Judiciário, ao qual auxilia, o que implica a necessidade de uma autonomia institucional relativamente ao Poder Executivo. A subordinação da Polícia Judiciária aos poderes que auxilia, historicamente, passa do Poder Judiciário ao órgão oficial de acusação, cuja primeira expressão se encontra no modelo autoritário do CIC 1808, tendo persistido em vários sistemas que passaram, no final do século passado, a conferir ao MP a direção da investigação criminal.[239]

Essa subordinação, contudo, tem sofrido algumas retrações sob diversas formas, seja administrativa, funcional ou técnica, a exemplo do que acontece em Portugal, cuja Lei de Organização da Investigação Criminal reconhece à polícia uma autonomia técnica e tática necessária ao eficaz exercício de suas atribuições investigativas (Lei nº 49/2008, art. 2º, 6). Na Alemanha, a polícia tem vindo a afirmar sua necessária autonomia investigativa, mesmo no marco histórico da investigação pelo MP.[240] Na Itália, mesmo reconhecendo ao MP a direção da investigação, reconhecem-se à Polícia Judiciária poderes autônomos de investigação cada vez mais crescentes, com atos de iniciativa própria.[241]

---

[239] GARRAUD, *Compêndio de Direito Criminal*, 1915; AMBOS, K. Control de la policía por el fiscal *versus* dominio policial de la instrucción. In: _____. *Proceso penal*: perspectiva internacional, comparada y latinoamericana, 2009, p. 3-28.

[240] GÖSSEL, K. H. *Derecho Procesal Penal en el Estado de Derecho*, 2007, p. 53.

[241] TONINI, P. *Manuale di procedura penale*, 2013, p. 505.

O modelo de autonomia máxima relativamente ao órgão oficial de acusação, contudo, encontra-se apenas na Inglaterra, onde a polícia detém poderes autônomos de investigação, sobre os quais o MP não pode interferir.[242] E numa perspectiva comparada, tem-se observado que, em qualquer caso, a experiência se tem encaminhado para demonstrar uma crescente disposição do MP para não assumir sua função de investigar, ao passo que cresce a tendência da polícia a assumir-se com órgão efetivo de investigação.[243]

No Brasil, desde o CPP de 1943, assumiu-se um modelo de autonomia funcional da Polícia Judiciária sobre a investigação criminal, mas cumulado com um controle externo do MP que o tem confundido com um controle interno (administrativo) e hierárquico, na tentativa de anular aquela independência funcional.

É nesse sentido que se deve insistir com a adequada compreensão de Hélio Tornaghi, para quem, "se organicamente a Polícia Judiciária entronca na máquina administrativa do Estado, funcionalmente ela se liga ao aparelho judiciário", não se podendo ver qualquer subordinação do órgão a qualquer outra instituição. É preciso insistir que "não há nenhuma subordinação hierárquica, disciplinar, entre Polícia Judiciária e o Poder Judiciário ou mesmo o Ministério Público, mas apenas interdependência funcional". E é precisamente nessa fórmula – "interdependência funcional" – que se capta, pelo menos na história do processo penal brasileiro com seu modelo de investigação criminal, a posição constitucional da Polícia Judiciária.[244]

Essa concepção nos exige compreender a Polícia Judiciária como instituição essencial à função jurisdicional do Estado, com autonomia em relação a quaisquer outras instituições que atuam no âmbito do processo penal. Isso está de acordo com aquela concepção de Luigi Ferrajoli, para quem na lógica do Estado de Direito, os corpos de polícia devem estar "organizados de forma independente não apenas funcional, mas também, hierárquica e administrativamente dos diversos poderes aos quais auxiliam".

2. Essa questão tem sua relevância, a considerar o que se passa com a Polícia Judiciária em sua origem histórica. É preciso compreender que, assim como aconteceu com outras ideias frustradas da Revolução

---

[242] CUADRADO SALINAS, C. *La investigación en el Proceso penal*, 2010, p. 215 ss.
[243] MATHIAS, E. O equilíbrio de poder entre a Polícia e o Ministério Público. In: DELMAS-MARTY, M. (Org.). *Processos penais da Europa*, 2015, p. 500 ss.
[244] TORNAGHI, H. *Instituições de Processo Penal*, v. 2, 1977b, p. 202.

Francesa, o espírito do *Ancien Régime* processual acabou imperando e a Polícia Judiciária acabou se tornando um apêndice da instrução preliminar ou do procedimento acusatório preparatório. A Polícia Judiciária segue como que um percurso histórico inverso ao que se observa em relação ao Ministério Público. Enquanto este nasce essencialmente como instituição inquisitória no coração do direito medieval,[245] mas tende a afirmar-se como instituição democrática em seu discurso legitimador,[246] a Polícia Judiciária nasce essencialmente como instituição moderna de inspiração iluminista, vindo a enredar-se no espírito do código processual napoleônico de que ainda hoje não se consegue libertar. Isso decorre não apenas de uma qualquer falta de consciência histórica, mas sobretudo em razão dos modelos processuais penais, nos quais ela aparece – quer como *longa manus* do juiz instrutor, quer como apêndice do procurador da República – sempre como função que segue atrelada a outra, numa espécie de concentração de poder punitivo intraprocessual.

Esse é o modelo que ainda hoje persiste em vários países de tradição jurídica ocidental – notadamente dos países da Europa latina continental –, de cujas bases se aproxima o modelo brasileiro, mas sem o assimilar totalmente. Afinal, no modelo brasileiro, colhendo também do modelo inglês um elemento que lhe é fundamental, a Polícia Judiciária organiza-se segundo uma tendencial autonomia relativamente à acusação e ao juiz, numa espécie de aperfeiçoamento da divisão intraprocessual das funções do poder punitivo. Por mais que se recorra à originária ideia francesa de Polícia Judiciária, sem que tenhamos em conta a história nacional do juiz de paz de reconhecida inspiração inglesa, não poderemos compreender as fontes que alimentam o modelo brasileiro.[247] Esse modelo, como o desenvolvemos, embora periférico relativamente aos modelos europeus, colhe de ambos o que nos parece exemplar – a existência de uma polícia autônoma relativamente aos demais órgãos do processo penal (inglês), que se distingue das demais polícias como especificamente judiciária (francês).

---

[245] ESMEIN, A. *Histoire de la procédure criminelle en France...*, 1882, p. 100: *"Au XIVᵉ siécle, la poursuite d'office est déjà presque armée de toutes pièces; alors apparaît son principal organe, le ministère publico"*.

[246] Cf. DELMAS-MARTY, M. Evolução do Ministério Público e princípios diretivos do processo penal nas democracias europeias. *Discursos Sediciosos: Crime, Direito e Sociedade*, 1997, p. 97-104.

[247] FLORY, T. *El juez de paz y el jurado en el Brasil imperial*, 1986.

3. Em conclusão, portanto, entre outras coisas que buscamos trazer à luz do direito nacional, esperamos ter apresentado as razões por que o modelo nacional de Polícia Judiciária, se bem compreendido e aperfeiçoado, apesar de sua situação periférica no grandioso círculo da cultura jurídica ocidental, pode-se mostrar como um modelo a seguir-se, na busca por um devido processo penal, segundo os postulados fundamentais de um Estado de Direito que exige organicamente a divisão do poder punitivo e procedimentalmente a proporcionalidade de seus atos.

Temos, aqui, em mente uma teoria do processo penal que postula a necessária igualdade entre acusação e defesa, o que vai exigir um órgão de investigação absolutamente autônomo e distinto da acusação, bem como do órgão de julgamento, visando a garantir não apenas o equilíbrio de poder intraprocessual, mas sobretudo um efetivo juízo de proporcionalidade dos atos processuais que possam ter função probatória na motivação da sentença penal.

Essa compreensão da Polícia Judiciária nos permite entender que o seu direito – o Direito de Polícia Judiciária – não se pode esgotar em um estatuto meramente administrativo, que apenas nos informa seu funcionamento *interna corporis*, sem considerar suas bases constitucionais de relação com os demais órgãos de poder, bem como as bases processuais de sua atuação em âmbito nacional e até internacional.

É esse o espírito que nos moveu nessa *Introdução ao Direito de Polícia Judiciária*, que se propõe cientificamente a título de estudo zetético,[248] cuja finalidade é, não apenas orientar a discussão político-legislativa, mas antes e sobretudo, chamar a atenção para os problemas fundamentais que estão em causa, para que se consiga entender a essencialidade da Polícia Judiciária como garantia orgânica e procedimental na efetividade da jurisdição criminal.

---

[248] Acerca da distinção entre ciência dogmática e ciência zetética do direito, cf. FERRAZ JR., T. S. *Introdução ao estudo do direito*, 2007, p. 39 ss.

REFERÊNCIAS

ABBAGNANO, N. *Dizionario di filosofia*. Torino: UTET, 2013.

AFONSO DA SILVA, J. *Curso de Direito Constitucional Positivo*. 40. ed. São Paulo: Malheiros, 2017.

ALCALÁ-ZAMORA Y CASTILLO. *Estudios de teoría e historia del proceso*. México: Universidad Autonoma do México, 1992. t. I.

ALBERT, H. *O direito à luz do racionalismo crítico*. Brasília: Universa; UnB, 2013.

ALFONSO PAREJO, L. *Seguridad pública y policía administrativa de seguridadz*. Valencia: Tirant lo Blanch, 2008.

ALMEIDA JR., J. M. *Processo Criminal Brazileiro*. Rio de Janeiro: Typ. Baptista de Souza, 1920. v. II.

ALESSI, G. *Il processo penale*: profilo storico. Bari: Laterza, 2011.

ALEXY, R. *Conceito e validade do direito*. São Paulo: Martins Fontes, 2011.

ALEXY, R. *Teoria dos direitos fundamentais*. 2. ed. São Paulo: Malheiros, 2015.

ALEXY, R.; BULYGIN, E. *La pretensión de corrección del derecho*. Bogotá: Universidad Externado de Colombia, 2001.

AMBOS, K. Control de la policía por el fiscal versus dominio policial de la instrucción. In: _____. *Proceso penal*: perspectiva internacional, comparada y latinoamericana. México: UBIJUS, 2009.

AMODIO, E. *Processo penale, diritto europeo e common law*: dal rito inquisitorio al giusto processo, Milano: Giuffrè, 2003.

ARMANDO DA COSTA, J. *Fundamentos de Polícia Judiciária*. Rio de Janeiro: Forense, 1982.

ASENCIO MELLADO, J. M. *Derecho procesal penal*. 6. ed. Valencia: Tirant Lo Blanch, 2012.

ÁVILA, H. *Teoria dos princípios*. São Paulo: Malheiros, 2013.

BACHELARD, G. *O novo espírito científico*. Lisboa: Edições 70, 2008.

BACHELARD, G. *Ensaio sobre o conhecimento aproximado*. Rio de Janeiro: Contraponto, 2004.

BADARÓ, G. H. *Processo penal*. São Paulo: RT, 2015.

BANDEIRA DE MELLO, C. A. *Curso de Direito Administrativo*. 22. ed. São Paulo: Malheiros, 2007.

BARBOSA, E. S. Funções de polícia: que faz a Polícia Federal brasileira? *Revista Brasileira de Ciências Policiais*, Brasília, ANP, v. 1, n. 1, p. 181-212, 2010.

BARROSO, L. R. *Curso de Direito Constitucional Contemporâneo*. São Paulo: Saraiva, 2009.

BAUMAN, Z. *Tempos líquidos*. Rio de Janeiro: Zahar, 2007.

BEATTY, D. *A essência do Estado de Direito*. São Paulo: Martins Fontes, 2014.

BERGEL, J.-L. *Teoria geral do direito*. São Paulo: Martins Fontes, 2001.

BOBBIO, N. *O positivismo jurídico*. São Paulo: Icone, 2006.

BOBBIO, N. Democrazia. In: MATTEUCCI, N.; BOBBIO, N. *Il Dizionario di Política*. Torino: UTET, 2008.

BOULOC, B. *Procédure pénale*. 24. ed. Paris: Dalloz, 2014.

BULOS, U. L. *Curso de Direito Constitucional*. 9. ed. São Paulo: Saraiva, 2015.

CAENEGEM, R. C van. *Juízes, legisladores e professores*. Rio de Janeiro: Elsevier, 2010.

CANARIS, C.-W. *Pensamento sistemático e conceito de sistema na ciência do direito*. Lisboa: Fundação Calouste Gulbenkian, 2008. v. 1.

CARBONELL, M. (Org.), *Neoconstitucionalismo(s)*. Madrid: Editorial Trotta, 2011.

CARRARA, F. *Programa do curso de direito criminal*. Parte Geral. São Paulo: Saraiva, 1957. v. II.

CASARA, R. R. R. *Mitologia processual penal*. São Paulo: Saraiva, 2015.

CAVALEIRO FERREIRA, M. *Curso de processo penal I*. Lisboa: UCP, 1981.

CEDH. *Guide de l'article 6*: Droit à un procés équitable. Conseil de l'Europe; Cour européene des droits de l'homme, 2014. 68 p. Disponível em: <https://www.echr.coe.int/Documents/Guide_Art_6_criminal_FRA.pdf>. Acesso em: 05 out. 2018.

CORTÊS, A. *Jurisprudência dos princípios*. Lisboa: UCP, 2010.

CORTÊS, A. Para uma metodologia jurídica integral. *Direito e Justiça*, Lisboa, volume especial, p. 39-86, 2013.

COSTA, P.; ZOLO, D. (Orgs.). *O Estado de Direito*: história, teoria, crítica. São Paulo: Martins Fontes, 2006.

CUADRADO SALINAS, C. *La investigación en el Proceso penal*. Madrid: La Ley, 2010.

DAMASKA, M. R. *La cara de la justicia y el poder del Estado*. Santiago del Chile: Ed. Jurídica de Chile, 2000.

DELMAS-MARTY, M. Evolução do Ministério Público e princípios diretivos do processo penal nas democracias europeias. *Discursos Sediciosos: Crime, Direito e Sociedade*, Rio de Janeiro, Revan-ICC, v. 2, n. 3, p. 97-104, 1997.

DIPPEL, H. *História do constitucionalismo moderno*: novas perspectivas. Lisboa: Fundação Calouste Gulbenkian, 2007.

DIMOULIUS, D; MARTINS, L. *Teoria geral dos direitos fundamentais*. São Paulo: RT, 2007.

DORING, K. *Teoria do Estado*. Belo Horizonte: Del Rey, 2008.

DUARTE, M. L. *Direito internacional público e ordem jurídica global do século XXI*. Coimbra: Coimbra Ed., 2014.

DWORKIN, R. *O império do direito*. São Paulo: Martins Fontes, 2007.

ENGISCH, K. *Introdução ao pensamento jurídico.* Lisboa: Fundação Calouste Gulbenkian, 2008.

ESMEIN, A. *Histoire de la procédure criminelle en France et spécialement le XIIe siècle jusque'a nos jours.* Paris: L. Larose et Forcel, 1882.

FAIRÉN GUILLÉN, V. *Teoria general del derecho procesal.* México: Universidade Nacional Autónoma de México, 1992.

FERRAJOLI, L. *Direito e razão*: teoria do garantismo penal. Traduzido por Ana Paula Zomer Sica, Fauzi Hassan Choukr, Juarez Tavares e Luiz Flávio Gomes. São Paulo: RT, 2002.

FERAJOLI, L. *Razones jurídicas del pacifismo.* Madrid: Trotta, 2004.

FERRAJOLI, L. *A soberania no mundo moderno.* São Paulo: Martins Fontes, 2007a.

FERRAJOLI, L. *Principia iuris*: Teoria del diritto e della democrazia. Roma-Bari: Laterza, 2007b. v. 1, Teoria del diritto.

FERRAJOLI, L. *Diritto e Ragione*: teoria del garantismo penale. Roma-Bari: Laterza, 2008a.

FERRAJOLI, L. *Democracia y garantismo.* Madrid: Trotta, 2008b.

FERRAJOLI, L. *Principia iuris*: Teoria del diritto e della democrazia. Roma-Bari: Laterza, 2009. v. 2, Teoria dela democrazia.

FERRAJOLI, L. Constitucionalismo principialista e constitucionalismo garantista. In: TRINDADE, A. K.; STRECK, L.; FERRAJOLI, L. *Garantismo, hermenêutica e (neo) constitucionalismo.* Porto Alegre: Livraria do Advogado, 2012.

FEITOZA, D. *Direito processual penal.* 5. ed. Niterói: Impetus, 2008.

FERRAZ JR., T. S. *Introdução ao estudo do direito.* São Paulo: Atlas, 2007.

FINNIS, J. *Fundamentos de Ética.* Rio de Janeiro: Elsevier, 2012.

FISCHER-LESCANO, A. Crítica da concordância prática. In: CAMPOS, R. (Org.). *Crítica da ponderação*: método constitucional entre a dogmática jurídica e a teoria social. São Paulo: Saraiva, 2016. p. 37-62.

FLEINER-GERSTER, T. *Teoria geral do Estado.* São Paulo: Martins Fontes, 2006.

FLORY, T. *El juez de paz y el jurado en el Brasil imperial, 1808-1871*: control social y estabilidade política em el nuevo Estado. México: Fondo de Cultura Económica, 1986.

FOUCAULT, M. *Microfísica do poder.* Rio de Janeiro: Graal, 1979.

FIOROVANTI, M. *Constitución*: De la Antigüedad a nuestros días. Madrid: Trotta, 2001.

GADAMER, H.-G. *O problema da consciência histórica.* Rio de Janeiro: FGV, 2003.

GARLAND, D. *A cultura do controle*: crime e ordem social na sociedade contemporânea. Rio de Janeiro, Revan, 2008.

GARRAUD, R. *Précis di Droit Criminel.* Paris: Recueil Sirey, 1912.

GARRAUD, R. *Compêndio de Direito Criminal.* Lisboa: Livraria Clássica, 1915.

GOENAGA, M. *Lecciones de derecho de policía.* Bogotá: Temis, 1983.

GOLDSCHMIDT, J. *Princípios generales del processo*. Buenos Aires: Ed. Jurídicas Europa-America, 1961. v. 2.

GOMES CANOTILHO, J. J. *Direito Constitucional e Teoria da Constituição*. Coimbra: Almedina, 2003.

GOMES CANOTILHO, J. J. *Estudos sobre direitos fundamentais*. Coimbra: Ed. Coimbra, 2008.

GOMES CANOTILHO, J. J. *"Brancosos" e interconstitucionalidade*: itinerários dos discursos sobre a historicidade constitucional. Coimbra: Almedina, 2012.

GÖSSEL, K. H. *El Derecho Procesal Penal em el Estado de Derecho*. Santa Fé: Rubinzal-Culzoni, 2007.

GOYARD-FABRE, S. *Fundamentos da ordem jurídica*. São Paulo: Martins Fontes, 2007.

GOYARD-FABRE, S. *O que é democracia?* São Paulo: Martins Fontes, 2003.

GUEDES VALENTE, M. M. *Teoria geral do Direito Policial*. Coimbra: Almedina, 2014.

GUEDES VALENTE, M. M. *Processo Penal*. Coimbra: Almedina, 2010. t. I.

HAARSCHER, G. *A filosofia dos direitos do homem*. Lisboa: Instituto Piaget, 1993.

HAURIOU, M. *Teoria da instituição e da fundação*. Porto Alegre: Safe, 2009.

HELIE, M. F. *Traité de l'Instruction Criminelle. Tome III. De la Police Judiciaire*. Paris: Henri Plon, 1866.

HELIE, M. F. *Traité de l'Instruction Criminelle. Tome IV. Instruction Ecrite*. Paris: Henri Plon, 1866.

HESPANHA, A. M. *História das instituições*. Coimbra: Almedina, 1982.

HESPANHA, A. M. *Cultura jurídica europeia*. Coimbra: Almedina, 2012.

HESPANHA, M. *O caleidoscópio do direito*. Coimbra: Almedina, 2014.

HESSE, K. *A força normativa da constituição*. Porto Alegre: Safe, 1991.

INGLETTI, V. *Diritto di polizia giudiziaria*. Roma: Laurus, 2015.

KELSEN, H. *Teoria pura do direito*. São Paulo: Martins Fontes, 2000.

KRIELE, M. *Introdução à Teoria do estado*: os fundamentos históricos da legitimidade do Estado Constitucional Democrático. Porto Alegre: Safe, 2009.

LADEUR, K.-H. Crítica da ponderação na dogmática dos direitos fundamentais. In: CAMPOS, R. (Org.). *Crítica da ponderação*: método constitucional entre a dogmática jurídica e a teoria social. São Paulo: Saraiva, 2016. p. 37-62.

LARENZ, K. *Metodologia da ciência do direito*. Lisboa: Fundação Calouste Gulbenkian, 2012.

LLERAS PIZARRO, M. *Derecho de Policía*. Colombia: Dike, 2009.

LOEWENSTEIN, K. *Teoria de la constitución*. Barcelon; Caracas; Mexico: Ariel, 1979.

LOPES JR., A. *Direito Processual Penal*. São Paulo: Saraiva, 2015.

LOSANO, M. *Sistema e estrutura no direito*. São Paulo: Martins Fontes, 2008. v. 1.

MCILWAIN, C. H. *Constitucionalismo antiguo y moderno*. Madrid: Centro de Estudios Constitucionales, 1991.

MARQUES DA SILVA, G. *Direito processual penal português*. Lisboa: UCP, 2013. v. 1.

MATA-MOUROS, M. F. *Juiz das liberdades*: desconstrução de um mito do processo penal. Coimbra: Almedina, 2011.

MATHIAS, E. O equilíbrio de poder entre a Polícia e o Ministério Público. In: DELMAS-MARTY, M. (Org.). *Processos penais da Europa*. Rio de Janeiro: LumenJuris, 2005.

MATTEUCCI, N. Costituzionalismo. In: BOBBIO, N.; MATTEUCCI, N. *Il Dizionario di Politicia*. Torino: UTET, 2004.

MENDES DE ALMEIDA, J. C. *Princípios fundamentais do processo penal*. São Paulo: RT, 1973.

MENDES DE ALMEIDA, J. C. *A contrariedade na instrução criminal*. São Paulo: [s.n.], 1937.

MIRANDA COUTINHO, J. N. Da Autonomia Funcional e Institucional da Polícia Judiciária. *Revista de Direito de Polícia Judiciária*, Brasília, ANP, v. 1, n. 1, p. 13-24, 2007.

MONET, J.-C. *Polícia e sociedade na Europa*. São Paulo: Edusp, 2002.

MONTERO AROCA, J. *Introducción al derecho procesal*. Madrid: Tecnos, 1976.

MONTERO AROCA, J. *Proceso penal y Libertad*: Ensayo polémico sobre el nuevo proceso penal. Madrid: Civitas, 2008.

MONTESQUIEU. *O Espírito das Leis*. São Paulo: Martins Fontes, [2005].

NICOLITT, A. *Manual de Processo penal*. São Paulo: RT, 2014.

OTTO, E.; POZZOLO, S. *Neoconstitucionalismo e positivismo jurídico*: as faces da teoria do direito em tempos de interpretação moral da Constituição. Florianópolis: Conceito, 2012.

PARKER, N. *As Revoluções e a História*: ensaio interpretativo. Lisboa: Temas e Debates, 2001.

PEREIRA, E. S. Polícia e direitos humanos: critérios racionais de ação. In: *Doutrinas essenciais de direitos humanos*. São Paulo: RT, 2011. v. 5. p. 1185-1214.

PEREIRA, E. S. *Introdução às ciências policiais*. São Paulo: Almedina, 2015.

PEREIRA, E. S.; DEZAN, S. L. *Investigação criminal conduzida por delegado de polícia*: comentários à Lei 12.830/2013. Porto Alegre: Juruá, 2013.

PEREIRA, E. S. Introdução: Investigação Criminal, Inquérito Policial e Polícia Judiciária. In: PEREIRA, E. S.; DEZAN, S. L. *Investigação criminal conduzida por Delegado de Polícia*: comentários à Lei 12.830/2013. Porto Alegre: Juruá, 2013. p. 21-34.

PEREIRA, E. S. *O processo (de Investigação) Penal* (Tese de Doutoramento). Lisboa: Universidade Católica Portuguesa, 2018.

PERELMAN, C. *Ética e Direito*. São Paulo: Martins Fontes, 2005.

PERELMAN, C. *Lógica jurídica*. São Paulo: Martins Fontes, 1998.

PEREZ LUÑO, A. E. *Los derechos fundamentales*. Madrid: Tecnos, 2007.

PIERANGELLI, J. H. *Processo Penal*: evolução histórica e fontes legislativas. 2. ed. São Paulo: Thomson, 2004.

PISANI, M. *Problemi della giurisdizione penale*. Padova: CEDAM, 1987.

POPPER, K. *Conhecimento objetivo*. Belo Horizonte: Itatiaia, 1999.

RANIERI, S. *La giurisdizione penale*. Milano: Istituto Editoriale Scientifico, 1930.

RAWLS, J. *Uma Teoria da Justiça*. Lisboa: Presença, 2013.

RICCIO, G. *La procedura penal*: Tra storia e politica. Napoli: Scientifica, 2010.

RUSCONI, M. División de poderes en el proceso penal e investigación a cargo del Ministerio Publico. In: MAIER, J. B. (Comp.). *El ministerio público en el proceso penal*. Buenos Aires: AD-HOC, 1993.

SAAD, M. *O direito de defesa no inquérito policial*. São Paulo: RT, 2004.

SALAZAR CULI, F. *Derecho de Policía*: polícia administrativa. Barcelona; Buenos Aires: Salvat, 1942.

SANTALUCIA, B. *Diritto e processo penal nell'antica Roma*. Milano: Giuffré, 1998.

SCHIOPPA, A. P. *História do direito na Europa*. São Paulo: Martins Fontes, 2014.

SERRANO, N. G-C. *Proporcionalidad y derechos fundamentales en el proceso penal*. Madrid: Colex, 1990.

SILVA, G. M. *Processo penal preliminar*. Lisboa: Universidade Católica Portuguesa, 1990.

STRAUSS, L. *Direito natural e História*. Lisboa: Edições 70, 2009.

SUPIOT, A. *Homo Juridicus*: ensaio sobre a função antropológica do Direito. São Paulo: Martins Fontes, 2007.

TAMBURRO, G. *Il diritto di polizia*: La polizia amministrativa e la polizia di sicurezza nella legislazione fascista. Roma: Sormani, 1938.

TONINI, P. *Polizia Giudiziaria e Magistratura*: Profili storici e sistematici. Milano: Giuffrè, 1979.

TONINI, P. *Manuale de procedura penale*. 14. ed. Milano: Giuffrè, 2013.

TORNAGHI, H. *Instituições de processo penal*. V. 1. São Paulo: Saraiva, 1977.

TORNAGHI, H. *Instituições de processo penal*. V. 2. São Paulo: Saraiva, 1977.

TOURINHO FILHO, F. C. *Processo Penal 1*. São Paulo: Saraiva, 2002.

TOURINHO FILHO, F. C. *Manual de Processo Penal*. São Paulo: Saraiva, 2009.

TUCCI, R. L. *Lineamentos de processo penal romano*. São Paulo: Edusp; Buschatsky, 1976.

TUCCI, R. L. *Teoria do direito processual penal*. São Paulo: RT, 2002.

UBERTIS, G. (a cura di). *La conoscenza del fatto nel processo penal*. Milano: Giuffrè, 1992.

VOVELLE, M. *A Revolução Francesa 1789-1799*. Lisboa: Edições 70, 2007.

VON JUSTI, J. H. G. *Elementos generales de policía*. Barcelona: Eulalia Piferrer, 1784.

WERNER, G. C. Aspectos inconstitucionais do Controle Externo da Polícia Judiciária. *Revista de Direito de Polícia Judiciária*, Brasília, ANP, n. 1, p. 59-80, 2017.

ZACCARIOTTO, J. P. *A Polícia Judiciária no Estado Democrático de Direito*. Sorocaba-SP: Brazilian Books, 2005.

ZAGREBELSKY, G. *El derecho dúctil*. Madrid: Trotta, 2009.

ZIPPELIUS, R. *Filosofia do Direito*. Lisboa: Quid Juris, 2010.

ZIPPELIUS, R. *Teoria geral do Estado*. Lisboa: Fundação Calouste Gulbenkian, 1997.

Esta obra foi composta em fonte Palatino Linotype, corpo 10 e
impressa em papel Offset 75g (miolo) e Supremo 250g (capa)
pela Gráfica e Editora Laser Plus em Belo Horizonte/MG.